茶鄉總監梁金生的十四堂生命格局課：

生活、工作和領導的私房祕訣

金色人生

Golden Life!

梁金生 著

Foreword
學習勇於前瞻的精神

　　身為曾經的國立陽明大學校長，我特別明瞭教育不只是學問的傳授，更重要的是賦予學生對社會的責任感。在這樣的理念之下，我深感榮幸能向大家推薦本書。在梁金生的人生旅途中，他不僅在商業上獲得卓越成就，並在獅子會中，以崇高的道德情操和強烈社會實踐精神，引領著獅子會社團成員透過服務回饋社會，取得豐碩成果。

　　過往我擔任疾病管制署署長的經驗，也因此特別了解在政府部門推動政策改革時的艱難挑戰，而這些挑戰恰恰是梁金生所面對並成功克服的。特別是他以坪林鄉長的身分為本鄉里帶來的進步與改革經驗，讓我深深地感到敬佩。

　　梁金生的政治實踐充滿了創新與前瞻。他身處的環境固然複雜多變，但他卻不以此為礙，勇於面對並且積極推動改革。他的創新見解、堅定決心，以及在疑難雜症中仍持續創新的勇氣，都令我們對他的行政領導能力抱有極高評價。這本書像一把鑰匙，為我們打開了梁金生人生經驗的寶庫。他對商業的洞察，從政的經歷，以及在獅子會展現出的社會責任感，這些都在書中得到充分呈現。在閱讀過程中，我們

可以看到梁金生始終堅守使命，並且總是以社會的需求為己任，這一切都使他能在各個領域取得了卓越成就。

本書透露出梁金生對生活的深度理解，社會的深厚責任感，以及對未來的大膽遠見。這是一本極具啟發性的書籍，引領我們深入思考自己的角色和社會關係，並且激勵人們要勇於承擔起責任，去為我們的社會創造更美好的未來。對於所有希望從生活中獲取智慧，並渴望在社會中發揮影響力的人們來說，都是一本必讀書籍。

我鼓勵大家，特別是年輕一代，都能細心閱讀這本書，去感受梁金生的智慧，體驗他的人生，學習他的精神，並且將這種理解轉化為實際行動，以實現一個更美好的社會。

中華民國無任所大使

Foreword
一席珍貴的從政者經驗分享課

　　每個人的生涯道路不同，有人一成不變的遵循老路走，如果走得平順那還好，但如果一個突然意外狀況，不懂得應變，可能就不知所措。以我為例，一個外科醫師，跌破眾人眼鏡去從政，擔任兩屆市長，還組了個政黨。很多事當初我自己也始料未及，後來想想又一切理所當然，當面對事情，覺得該承擔起重任，那就一肩扛起吧！至於我從政的功過，自有後人評價，我已盡我所能，無怨無悔。

　　本書的主人翁梁金生，平凡農家出身的他，過往完全沒有政治背景，後來卻從政多年。當初他是如何踏入這一行（政治當然也是種行業），後來碰到哪些狀況？不同黨派的紛紛擾擾、反對者的批評聲浪，以及永遠無法討好的選民。他是如何去面對？是妥協？是對抗？還是做出怎樣的智慧抉擇？

　　做為有影響力的人，他是如何把握大是大非？如何地在每個重大施政時候，做出周慮的思考？當他的意見與多數人相左，他能不能有著雖千萬人吾往矣的勇氣？我想，這些都是閱讀本書，讀者可以跟梁先生學習的地方。

政治人物永遠都是處在有爭議的情境，相信當年梁金生擔任坪林鄉長時也有這方面的壓力。我自己也經常站在媒體攻擊的浪頭尖，知道如果做一件事，跟前人不一樣，就會有排山倒海的指責，甚至懷疑是否有什麼人謀不臧？如果做法比照前人，又會被認為從政不用心。從政的人真的很辛苦。

但關於人生，我就是那句話：人生是單行道，沒有辦法回頭，所以沒有什麼好後悔的。相信梁金生先生，走過兩任坪林鄉長任期後，當年有他的堅持，卸任後也有他真正留下的地方影響力。

本書不只有梁先生從政時的思考邏輯分享，也包含他如何在後來擔任獅子會會長乃至總監時期的許多作為，各有精采處。本人僅就同為從政者時期的感想提出心得，也鼓勵讀者多多跟著作者學習，畢竟，人家幾十年的智慧，你可以兩三小時內就習得，這是很寶貴的。

拜讀梁金生先生的著作，了解一個地方執政者的工作心聲，也是很好的學習。而學到後，就設法應用到自己人生。心存善念，盡力而為。

人生事——做就對了。

前台北市市長、臺大醫院創傷醫學部主任

柯文哲

Foreword
感恩前人種樹，後人得以乘涼

　　有幸得到前輩梁金生的邀請，能夠為本書寫序，本人實在感到受寵若驚。因為在我們坪林區，至今都還看得到梁先生當年擔任鄉長時期留下的影響，甚至包括整個坪林區的定位，也可以說是在他鄉長任內所確定的。感恩有這樣具備前瞻性的優秀政治人物，能夠在前面打下很好基礎，在後來我們承接後續地方治理工作，也能更加得心應手。

　　梁金生在民國87年擔任坪林鄉長，也是很難得的，能夠連任八年，為地方做了許多事。那個時代，擔任鄉長的人，需要透過選舉，不只要能折衝地方複雜的選民派系，還要做到跟不同層級的機關，從縣政府到地方各村里，都能政通人和。梁金生從一個農家子弟出身，背後沒什麼家世背景的人，可以通過各方的嚴格標準考驗，連續兩屆榮任鄉長，必有其過人之處。

　　我是在台北縣已升格為新北市，且距梁金生卸任十四年後，才受委任擔任區長，過往行政經歷較少與梁金生互動，但不論是早前在台北縣政府任職，或者如今接任區長，我都有聽聞梁金生的事蹟。包含當年雪山隧道開通後，能在坪林這邊設一個交流匝道、包含為如今坪林茶產業推廣所做的奠

基，以及他當年封溪護漁，帶給坪林長年一個不受汙染的美麗山水環境。真正應驗了「前人種樹，後人乘涼」這句話，我對他是充滿敬佩以及心懷感恩的。

感恩這本書的誕生，可以讓我更了解，那些年梁金生治理坪林的心路歷程，不論是環境整治、老人照護政策，還有在地的習俗維護等等，都讓我可以看到前輩的智慧與遠見。其實在他任內，就已經有建立很好的刊物系統，透過坪林專刊，記錄著他為坪林所做的點點滴滴，如今又有這本書，可以側寫他做每件事背後的考量，以及他當初是如何深謀遠慮，做出種種前瞻性的布局。相信這樣的書，不僅對坪林鄉民以及關心坪林鄉的朋友，非常寶貴，也對任何有心從政或者生涯更上層樓的年輕人們，會有所助益。

再次感恩，可以在坪林這樣的好山好水所在地服務，有機會也會繼續跟梁前輩多多討教，讓坪林鄉民，得到更大的福祉。

坪林區長

周慶珍

Foreword
學習梁總監把角色扮演到最好

一直以來，梁金生總監雖然有著豐富的政商經歷，也在獅子會裡是個受人敬仰的優秀前輩。但在我心目中的他，就是非常樸實無華的人，看到梁金生總讓我看到一位扎根於泥土上，令人信服的社會志工，一個勤懇踏實的耕耘者。

我們都知道，梁金生深愛這塊他生長的土地，特別是他出生的坪林，他真的不遺餘力的去做付出，至今不論是坪林在地人的生活感受，或者是我們一般民眾提到對坪林的印象，很多都是梁金生在擔任鄉長時期所建立起來的，他做事總是看得長遠，不計較短期的光環，而真正放眼在如何帶給眾人更大的福祉。

透過本書，我們可以清楚的看到梁總監做人做事的信念。而我在拜讀多次後，最深刻的感受就是，梁金生不論是從事什麼工作什麼任務，都能切切實實扮演好他的角色，公職身分也好，社工性質服務也好，他從來不會辜負他所被賦予職銜背後的使命。我真正從梁總監這個人，看到什麼叫做「當責」，不是只做好被交付的任務，而是發揮一個角色最大的影響力；不只造福當時當下的民眾，也放大格局，預先規畫未來五年、十年後的發展，播下種子，長成未來子子孫孫可以依靠的樹蔭。

我有幸可以在獅子會服務期間，經常可以有機會當面跟梁總監學習，也在他的教誨下，努力扮演好自己的角色。做事不做表面，而是不做則已，一做就將事情做到最好。就以梁總監從事公益為例，他不只把自己所服務的區做得有聲有色，還建立典範讓全國5萬多個獅友學習，他的談話跟他的行動力都特別具有說服力，真正值得眾人跟他學習。

　　在本書，特別是針對年輕人，剛好有這樣的機會，透過閱讀，多多認識梁金生的人生智慧，不論是將來想從政或投入怎樣的社會服務工作，這本書都可以帶給年輕人很多的啟發。

　　很多事不要等年紀大了才來後悔，趁年輕，用心去做就對了。

　　今後也要持續多跟梁總監學習。

國際獅子會300B區議長

Foreword
學習梁總監傳遞的獅子神精神

　　我與梁金生總監正式結緣，是我在擔任獅子會駐區總監時。但在那之前，我就聽聞過梁先生的大名，知道他是一個成功的典範，不論是商業領域，還是過往的從政經歷，以及在慈善公益方面的付出，都有很多值得大家學習的地方。後來有幸於獅子會服務期間，跟梁金生多所互動，跟他當面請益很多事情，受益匪淺。

　　關於梁金生的種種人生精彩歷程，平常他本人不太會跟我們講什麼豐功偉績，都是在談論如何為這個社會做貢獻。這回剛好可以透過他的專書，讓我們這些想跟他學習的人，真正看到許多他的成長、施政時期，以及加入獅子會後的種種故事。

　　從本書中，我看到了梁金生一路走來始終如一，他之所以成為一位成功的鄉長，以及後來如何在社會公益志業做出不凡成績，背後都有著一致性跟連貫性的思維模式。梁金生不只有一顆想要淑世的心，更且他能夠透過宏觀思維去達成他的目標。例如之前我很好奇，當年在獅子會B2區，梁金生是怎麼一上任就創造募款新紀錄？在本書也有清楚描述，原來梁總監做任何事都有著謹慎的事先規畫，加上強大的執行力，所以能把每件事都做得很成功。

閱讀本書，還有一件讓我印象很深刻，也是至今深深影響我的事，就是書中所提到的「獅子神精神」。做為梁金生職位交接後的繼任者，我自然也承續這份精神。

　　所謂獅子神精神，是植基於一種善念，變成能保護我們的信仰。不是說獅子神真的是一種神祇，而是一種發乎內心感恩所形塑的善念，我們心中相信這樣的善念，自然地這種善念會來保護我們這些服務的人，平平安安、順順利利。

　　梁金生有提醒我，未來我接任總監職務也可以傳承這個理念，我也會確實遵循他的腳步執行。我覺得獅子會過去本來就是做到服務以及誠懇友誼，未來更是追求對自己跟信仰的圓滿。我覺得秉持善念、從事行善、幫助別人是快樂的。剛好在獅子會這樣的平台，可以做到落實，讓自己感受到獲得神明的保佑，這就是一種寧靜的心靈狀態，也是獅子神的概念。

　　感恩梁金生，在任總監時期帶給社會那麼多貢獻，也傳承給我們好的學習。現在透過這本書，讓全國所有讀者都可以多跟他學習。

國際獅子會30B2區總監

邱曾瓦

Preface
用心當下，創造美好明天

春暖花開、夏日燦爛、秋天浪漫、冬季典藏。

人生是一連串的季節輪迴，有高低起伏，也有多樣風景。不懂珍惜的人，總是覺得下一季會更好，因此蹉跎太多光陰抱怨以及踟躕；只有願意把握當下的人，能夠體悟每時每刻以及善待身邊的人，打造基業，也造福人群。

本書書寫從我務農出身，到後來如何從政，從鄉民代表一路到擔任兩屆鄉長，之後將服務觸角拓展，在獅子會及諸多公益團體中，參與社會公益的歷程。

內容雖多少帶些傳記的成分，但撰寫本書的初衷並非要記錄自己的豐功偉績，而是我一直來內心的願景——也就是我希望能夠幫助更多後輩，在碰到人生抉擇時，將我的人生智慧作為參考。

過往的我是透過與人群接觸時，藉由團體活動或者台上演講，傳授我的理念以及經驗，現在則希望藉由文字，將我人生不同時期，特別是從政以及擔任社團幹部時期的寶貴心法，以有條理的形式闡述。來自各行各業的朋友，不論你是不同領域專業人士，亦或你還是學生，都期盼你花點時間，閱讀本書，然後改變一些過往可能疏忽沒注意到的心態，重新審視如何做人處事，也許，可以帶給你的生涯或人際關係，另一種境界。

到了我這個年紀，看多了種種的人事變遷，有人曾經踏上巔峰，風光一時，後來晚景卻黯淡衰敗；也有人撐過了大風大浪，而今擁有雲淡風輕的悠閒。許多人怪罪命運無情，或是覺得社會太過現實，諸多黑暗令人失望。但其實每件事都有多樣面向，在一開始的時候，都是看來完美充滿願景，後來到底是在哪個時間點走岔了？

經常聽人後悔的時候，會說「早知道」，如果人生可以重來，在某個關鍵時刻，就要急流勇退、就要更加把勁、或是採取另一種做法等等……但無論如何，事後的「早知道」，永遠都無濟於事。人生就常在一個又一個的「早知道」中，讓人們充滿懊悔地徒然讓光陰逝去。

本書記錄著我所整理，很多實用生活觀念以及創新做為範例，而如果說本書要比較聚焦一個主題，那我想最適合的主題就是「前瞻」了。一般人之所以會悔恨沒有「早知道」，換個角度說，就是少了前瞻力。如果可以在平時就能磨練，讓自己遇到事情時，不要偷懶，不要一味地想「蕭規曹隨」。只要當下多用點心，人生的發展就可以很不一樣。

人生難得，人生不該被蹉跎，希望藉由本書帶給讀者一些實用的啟示，讓未來的路更豐盛圓滿。

Contents
目　次

Prelude

前　　奏　　曲

Prelude
從坪林看世界，每一小步
拓展成大格局

親愛的朋友，你的一生是怎樣的構成面向呢？

有人說，人生就像一個圓規，把一個端點插在中心點，另一個端點往外畫個大弧，所畫出來的圓，就是你這一生的大致活動範疇。

例如古時候許多住鄉下的人，一生活動範圍都不出他所居住山村的方圓一兩公里。到了現代，因為交通工具方便了，人們可以搭飛機出國出差旅行，平常也可以搭高鐵南北奔馳二、三百公里，但這只是地理上的活動範疇延展了，不代表自己的生涯格局還有影響力拓展了。有人一生就是脫離不了有限的思維框架，固守著年輕時學的技能，得過且過度一生。這樣依然是有限的生命範疇。

從前人經驗得知，許多人在走到生命即將結束的時刻，回首過往，經常後悔著這一生怎麼如此平凡？似乎有太多的遺憾。

人生最大的遺憾，往往不是你做錯了什麼，而是你蹉跎光陰後，最終什麼都沒做。

明明自己有能力有實力，卻沒將這樣的力量發揚光大。

明明自己可以幫助更多人，卻選擇故步自封，對外視而不見。

明明還有那麼多未開拓的新領域，卻選擇安逸苟且，日復一日虛度歲月。

來不及說的話、沒勇氣說出的愛、以及一次又一次的「明天再說」，牽引著人們走向最終遺憾的終局。

今天，你還要故步自封嗎？

親愛的朋友，趁著還年輕、趁著還有夢，勇敢許下承諾並且落實去履行。我們不知道人死後還有沒有來生，但知道每一個生命流程都非常難得，請珍惜這一生，好好在有限的時光中，讓自己的存在帶來發光發熱的影響力。

✱ 畫出屬於你人生的圓

　　如果說人生像是個圓規，那我的人生藉由不斷嘗試新的可能，已經拓展出比一般人多許多倍的圓。

　　若是每個圓規所畫出的圓圈範圍，代表影響力的彰顯，那我盡可能讓這樣的圓畫到最大，大到超過台灣本土，甚至到影響國際。

　　當然，在諸多圓規與圓的交錯中，仍有幾個主要核心。對我來說，其中三個核心大圓如下：

第一個核心圓是坪林：

我在坪林出生長大，也在坪林結婚生子，我在坪林建立我的人生價值觀以及基本技能。

我先是當上了坪林鄉民代表，之後更當選為坪林鄉長，而且打破歷來紀錄連任了兩屆，以及現階段專注於將坪林優質的茶產品推廣到全世界。不論從政或從商，我在坪林打造的新氣象，影響至今。

第二個核心圓是獅子會：

我在擔任鄉長期間就已經加入獅子會，藉由獅子會的正向信念為社會做奉獻，我在之後擔任了獅子會的會長，日後更榮升獅子會的區總監。

直到退休後也繼續擔任獅子會台灣總會議長的國際基金（LCIF）協調長。

許多年我以獅友的身分，助人的範圍從大台北地區拓展到全台，也在世界打造台灣善的影響力。

第三個核心圓是公益慈善：

公益慈善是常年的志業，我透過不同形式做服務，獅子會只是其中一個公益性質社團。

同時間，我還擔任新北市慈善會理事長以及創立坪林在地的文化協會等等。無論是扶助弱勢或者保護傳統文粹，乃至於結合地方信仰，推廣護佑吾土吾民的祭典，我一定盡可能地不吝付出。

除了這三個重要的圓，我的人生還有其他大大小小的圓，包含我的營建事業、扶助青年計畫、文化關懷等等。但在本書，我就以這三個核心大圓所締造的影響力為主軸，以及我用生活經驗和生命體悟所習得的人生功課，來與讀者分享。

　　如果這是我所描述屬於關乎我人生境界的圓。親愛的朋友，**想想你的人生至今，可以畫出怎樣的圓呢？或者在未來五年、十年，你打算畫出怎樣的圓？**

　　即便是我，在從鄉長及國際社團職務上退休後，也仍繼續追求人生的圓。

　　願你我都可以每天讓夢想叫醒自己起床，走一條沒有遺憾的人生路。

✽ 讓自己成為前瞻的領航者

本書的出版，植基於一個強烈的信念。

這也是我一直以來的人生志向：那就是如何透過一己之力，可以幫助最多的人。

年輕時我就在地方擔任公職，上山下海協助鄉民解決疑難雜症，但我發現以我的職務，可以做的決策以及提供的資源太有限，所以我後來力爭上游，擔任了鄉民代表，能夠服務全體鄉民。

但當我發現鄉民代表除了可以為民喉舌外，手上依然沒有實際的人事和經費裁量權可以造福鄉里，也因此我後來參選鄉長。才30幾歲年紀擔任鄉長，在當年全台也算是少數。我可以直接規畫以及落實執行心中的藍圖，真正幫助我的坪林鄉親。

只是我想做的還要更多，不只照顧鄉親，還想幫助更多更多的人，因此卸任鄉長後，我積極投入獅子會以及其他社團。並且當我發現單一個獅子會可能服務的範圍依然有限，因此後來繼續歷練，升任了區總監，可帶領更多的獅友，一起造福人群。

現在，當我將領導社團的重任，傳承給新的接任者後，依然有我的俗世使命。包括關乎產業、地方福祉、青年培育

等等。其中，我特別關心的一塊議題，就是引領年輕人如何擴大看世界的格局，從青年階段就可以成為幫助社會發展的正向力量。

畢竟，時代在運轉，長江後浪推前浪，如果我的夢想大志，不只是由我以及我帶領的團體推動，而是像春天撒下種子般，**讓各種行善助人以及正向思維等觀念種子，散布到更廣闊的土壤，讓更多年輕人可以受到啟迪，因而帶給社會更良善的發展改變。**這豈不是比出錢出力造橋鋪路等等，更可以造福後世？因此有了這本書的發想。

但我也知道，年輕人不一定愛看老前輩的傳記，更不愛聽說教的話。因此本書，結合了個人的實務經驗，並萃取其中的處世智慧，希望讀者們就像看故事般，沒有壓力，也不一定要從頭翻閱起。在本書我安排了14堂課，每堂三段，共42段的觀念故事，精選了我覺得對每個人（特別是年輕人），會有助益的觀念思維，無論你想從哪一段讀起，或者日後找資料時要查閱，都非常方便。

這也是我一種想要助人信念的延伸。

總體來說，我聚焦的一個主題是「前瞻」。

在所有的重要觀念中，我覺得前瞻最重要。那是因為，我們日常生活中聽到太多人總是說「早知道」。每一聲「早知道」後頭都伴隨著遺憾嘆息。

其實人們還是可以「早知道」的。當然這裡指的不是那種命運占卜，例如可以預測未來的水晶球，也沒人真的可以知道明天會發生什麼事。我所指的是一種可以「見微知著」的能力。

這不需要神通或開天眼，你也不必一定要成為諸葛亮，才能預知天下事。

✱ 開拓心中的坪林

想要成為前瞻者，重點在於平日的訓練，先問問自己是否具備以下能力？

1. 你是否經常閱讀：

是否建立自己的知識資料庫，以及快速搜尋資訊的能力？

2. 你是否能夠培養自己的判斷力：

是否有足夠判斷力，不會人云亦云？是否能夠擁有主見，並且言之有物？

3. 你是否讓自己變得敏銳：

是否有能力能夠舉一反三？例如你一看到水果欠收的新聞，就能夠聯想到後續帶來的連鎖反應？

所謂智者，不一定各個都是智商180，他們可能只是比你多用點心，可以預先想到事態發展的下一步。他只比你多想那麼一步，但結局就是當你後悔著為何沒有「早知道」，他卻變成先知。

沒有天生的先知，只有後天的自我努力精進。

這就是正式進入本書前，我想要鼓勵各位讀者加強自己的前瞻力。

我來自坪林，擔任過坪林鄉長，現在依然住在我的故鄉坪林。其實坪林這個地名，包含兩個相反的意思。

林顧名思義，是樹林、森林。坪，指的卻是平地。

原來百年前篳路藍縷的先民墾拓時期，這裡到處都是荒野森林，後來是祖先一步一腳印在林間開墾出平地，才有著這麼一片「被樹林包圍的平地」，如今被命名為坪林。

若比擬成人生，每個人一開始所處的世界，也是一片找不到出路的森林，必須用心開拓才能打造一個可以安居樂業的平地。而如果可以付出更多，任何人都可以讓自己的平地拓展得更寬廣、也讓視野更遼闊。

我來自坪林，我的心也是一片不斷拓展中的坪林。

相信每位讀者心中，都有屬於自己的一塊或大或小的坪林。

你要困居一小塊荒地直到終老？還是往四方墾拓，創造新世界？

端看你自己的決定。

翻開這一頁，讓我來分享春夏秋冬的故事。

首先，還是由我念茲在茲的故鄉坪林開始。

春 之 耕

立 志 篇

春天，是播種的季節

一年的開始，一生的開始，以及人生任一個階段的開始，

慎始，踏出最重要的第一步，

你的一小步，將來回頭看，可能都是重要的一大步！

本篇記錄了我從無到有的種種體悟，

我是農家出生的孩子，小時候打著赤腳上學，

後來能夠憑著誠信以及在地耕耘的親和力，

先是當上了鄉民代表，後來連續兩任擔任鄉長為民服務，

當年一切也是從零開始，在沒有前例的過程中必須開創新局

甚至時常必須推翻前人的做法，

因應時代的變遷，採取全新的模式

年輕人！要立志啊！

春天是立志的好時光！

Lesson1
放下身段，從零開始打基礎

　　每當看到企業家們，態度從容的在講台上展現自信，看到他們指揮若定調度成千上百員工，看他們運籌帷幄大展鴻圖。你是想著「有為者亦若是」，還是想著：「這沒什麼了不起，一定是繼承家業？」或是想著：「這輩子我都沒有當老闆的命？」

　　每當看到有人在運動場上成為注目焦點，為國爭光；每當看到國際巨星在舞台上讓粉絲臣服的風采；還有各行各業勇奪獎章榮耀的明星。

　　你是否想著他們可以是我的學習目標，還是只想著這些人都是天縱英才，覺得他是他，我是我，成功離我很遠？

　　你的思想決定你的高度。如果一開始就自我定義是不入流者，那你就真的無法力爭上游。因為你比命運之神更早否定自己。

　　攀高者，一定先由山下入口的起點開始，請學習讓自己看得高、看得遠，這樣你繼續往前走才有意義。

＊赤腳小孩不怕登高路遠

　　說起資源背景，我只是個平凡的農家子弟，不僅生長在偏鄉，並且是偏鄉的邊陲；論眼界，我在孩童時代從住家往

四處望去，除了鄉野還是鄉野；論見識，我小時候不是塊讀書的料，念書念到中學畢業就去當兵。

所謂英雄不論出身低，我後來不斷力爭上游，**那是因為我從來就沒有自我設限，覺得自己哪裡不如人。**但我也不曾好高騖遠，還沒學會基本功，就妄想一步登天。

我只是踏實地扮演好每一階段的角色，只要有機會，我不排斥更上一層樓。

我的老家位在坪林上德村和漁光村交界，一個名叫虎寮潭的地方，現在已改名上德里。因為家在河邊，往返對岸必須搭乘渡船，就在我出生那年，虎寮潭吊橋剛完工。雖然走過吊橋就是漁光國小分校，不過我小時候卻是每天徒步好幾公里，走山路去漁光國小本校念書。

父親在我6歲那年就已往生，家裡有10個兄弟姊妹嗷嗷待哺，可想見我母親照顧我們的辛勞。家中務農，靠著幾畝薄田以及養豬種甘藷等維生，母親忙到沒有一刻休息，自然而然地讓我們幾個孩子也要懂得自立自強，大的照顧小的，小的學會如何幫助家計。年紀較長的哥哥們，已懂得去河邊抓魚拿去坪林市街賣，補貼家用。

那是民國50年代，我上學都是打赤腳，雖然有雙布鞋，卻都放書包捨不得穿。以現代人的角度去看過往，可能覺得小小年紀就要協助農忙，真是可憐，甚至我在田裡幫忙時，

還被大人取笑說：「你是去把稻子踩死，還是真的可以做什麼事？」

因為當時年紀太小，看起來農作非常辛苦，可是實際上我的內心是快樂的，每當回憶起小時候參與農事的過往印象，還是讓我漾起微笑。

所以苦與樂，是來自於自己定義。你自己覺得苦，那就是苦，上班是苦，工作是苦，要比別人多付出你都認為是苦。但若心態上願意樂在工作、樂在付出，那別人眼中的苦，對你根本不是苦。

正因我從小就接觸農事，當我長大後服務坪林鄉親，就非常了解在地的農情，可以感同身受地與他們互動。也因為我從小就樂於勞動，工作時也都只會付出不會抱怨，鄉人也都看在眼裡，等我後來在鄉公所任職，我講的話他們也比較願意聽，因為就是信任我這個人。

所以如果年輕人現在還在企業基層打拚階段，可能常加班或者必須一個人做兩個人的事，你就甘願做甘願受。不要以為你這樣做牛做馬，不會有人知道，其實老闆及主管都看在眼裡，基層蹲久了，也真的有用心做事，終有一天會被看到。

千萬不要邊做事邊抱怨，那會大幅抵銷你的苦勞。辛苦半天卻因為不甘願的心情，將一切都毀掉了，那就非常可惜。

✽ 挫折是我的人生導師

說實在的，幼時的我沒有什麼學習偶像。出身農家的我，也不算資優學生，我在年少時期並沒有立下大志。當時從來沒想過將來會從政、經營事業，或者做出什麼大事。

所以年輕人不要擔心自己領悟太晚，畢竟像微軟創辦人比爾蓋茲、臉書創辦人祖克伯等，年輕時代就創業成首富，屬於特殊案例。許多人也許讀到大學都還找不到未來方向，那不代表自己畢業後就一事無成。

我認為一個人的生涯規畫，不一定在年輕時節就找得到，並且小時候憧憬的行業，不代表長大後仍是合適的行業。好比有人中學時代立志要成為攝影師，後來數位革命改變膠卷攝影的方式，出現這樣的變數，原本的生涯就必須調整。

我在學生時代只以普通的成績，國小畢業後直接到坪林念中學，升高中才去台北這樣的大都會念普通高中。

並且在中學畢業時，我碰到生涯的第一次挫折。

原來我所念的中學，那年剛好開始跟中華電信合作，我念的是專業的電信班，是那種三年畢業後有機會可以被保送，直接去中華電信上班的建教合作班。我憑著刻苦認真，後來也被列為5個可保送中華電信學生的其中一員。

不料，在我準備赴任前去做健康檢查，那時候才被告知，我竟然有色盲症狀。雖不是重度色盲，只是對某些顏色有色弱，但對電信從業人員這種工作，必須要能清楚分辨不同顏色的線路，就這樣出乎意料地，我被淘汰出局。

　　因為這樣的打擊，我畢業後就失業，那時只好先當兵。

　　以現在來回顧，如果當初我順利進入中華電信，也許我如今的身分會是資深電信人員，而不會有後來擔任鄉長以及投入獅子會等歷程。事實上，當年跟我一起被保送中華電信的其他四位同學，也的確將畢生都投入電信工作。

　　所以世事難料，沒有絕對的對或錯，重點是無論從事什麼工作，在當時要認真用心，當有新的機緣到來，自然會成就人生新的機會。

＊耐得住磨練才能成大將

　　我是民國71年正式退伍，直到那年，我都還不知道未來該從事什麼行業？當時的我就留在家裡協助農事，並且對我來說，原本身邊周遭親友大部分都務農，所以我去務農也是很正常的選擇。

　　在那年9月，坪林鄉公所招募約聘人員，我去應徵錄取，就這樣因緣際會，開始成為公務人員。

我也是在那段服務期間，慢慢發現自己的志向，就是服務人群。

　　原來那時候我的主要任務是辦理社福業務，身為約聘人員，我負責的是比較例行性的事務性工作，不會牽涉到決策。即便如此，這工作讓我有機會可以經常跟鄉親互動。以現代政治術語來說，可以「勤跑基層」。當時我自然沒政治野心，但我的確開始懂得該「苦民所苦」。

　　所以年輕人做任何事，從基層做起是重要的，不要妄想著進入一家企業就從主管幹起。要知道，基層工作是未來所有重責大任的根基，一個坐在高位的人若少了基層經驗是會被瞧不起的。甚至有的企業家培養子女，也是讓他們由基層幹起，包括掃廁所、端茶等雜事，也都要做。

　　因為我從基層做起，這讓我後來擔任鄉長時，可以更接地氣。也因為獲得鄉民認可，我能夠打破過往派系輪替慣例，連續兩屆擔任鄉長。

　　我在鄉公所服務了三年，之後又有個機緣，我轉換跑道去到公路總局，當年台15線接台2線的濱海道路那段，我曾參與相關規畫作業。但這段歷程只有三、四個月，後來帶給我重大影響的是下一個職務，我轉職到當時新成立的台北水源特地區管理局，該局負責監督的就是台北市的水源重地——翡翠水庫。

因為這個新的職務，讓我有機緣可以更深入坪林以及周邊的新店、烏來、石碇等地區，也因為我邊工作也邊自修，讓我對環境保育有了更深入了解。

當時我就發現一些法令不合時宜，對坪林鄉民不公平。例如因為環境保育法規，要求水源保護區養豬或養雞戶必須強制遷離，雖然針對搬遷戶政府會有所補償，但補償的做法很有爭議。畢竟有些人可能原本世代居住在那裡養豬維生，現在一紙命令，只提供一次性微薄補償，就要拆除房子，趕走他們一家人。

身為公務人員的我，必須執行政府政策，但內心又不認同這樣的做法，如此的反覆衝突，我感到無法過得了自己良心那關。

終於，我選擇要對得起自己的良心，在眾人驚訝眼光中，我竟然放棄一般人求之不得的鐵飯碗工作，毅然決然離職。

並且，當時的我並沒有安排其他後路，就只是回家繼續種田。

如今回想，上天自有安排。當一個人做事能夠心安理得，就算人們看不到你的用心，上天也會看到你的真誠。

所以我回鄉務農不到一個月，人生新的轉機就來找我。

隔年我就當選了坪林鄉民代表。

☀人生變身方程式☀

✓ 英雄不怕出身低，未來志向可以晚點發現，但「此時此刻」你要對自己的身分負責，對自己的職位負責。

✓ 做人不要好高騖遠，不要看輕基層工作，一個可以把基層工作都做得很到位的人，往上進階也會更踏實。

✓ 身為新人就要學會「只問付出不去計較」，你的付出終會被看到，就算長官沒看到，老天也會看到。

Lesson2
關注大我，開闊心胸

有時候我們看到一個人受命擔負重任，例如企業裡，老闆指定誰接任課長，或者公職選舉，某人當選議員。

若抱著酸葡萄心理，可能會說某某人只是因為懂得拍老闆馬屁才升官，某某人只是運氣好才當選等等。

但以我的經驗談，任何成就，表面上也許看似有著運氣成分，但深究起來，背後一定有過往的付出。

天下事沒有不勞而獲的。我們不一定要談比較玄奧的「善有善報、惡有惡報」，但一定要相信「要怎麼收穫，先那麼栽」。

幾十年來擔任領導人的我也深知，那些可以步步高升且受人敬仰的人，重點不僅在於付出，並且要能捨棄小我，關注大我。

✱ 換個位置，換個腦袋

請辭公職後，正好是春茶採栽時節，我就回家幫忙採茶農務。

那時我沒有懷憂喪志，反倒每天辛勤勞動，也因為接近大自然，令我心胸開闊。就在春茶作業剛結束時，鄉長就來拜訪我了。

當時鄉長跟我說，原本指定的一位鄉民代表競選人，因私人原因不選了，問我有沒有意願來挑戰這個任務，我就欣然答應，表示願意擔任服務鄉親的工作。

　　其實我也沒有做什麼宣傳，才短短一、兩個月時間加入競選，當年6月選舉結果出爐，我高票當選。

　　看起來似乎我的運氣很好，才第一次競選公職，且年紀那麼輕就當選。但鄉民並非無知愚民，他們心中都有一把尺，之所以願意把神聖的一票給我，相信就是當年我擔任鄉公所社福工作時勤跑基層，以及後來去水源管理局任職，擔任地方事務協調時，我的用心、關心，鄉民都看在眼裡。

　　若再往前追溯，我的爸媽是資深的坪林人，一直以來也都與人為善，農忙時期會互相幫助，肯定也為我的好感度加分。

　　後來我不但第一次競選就高票當選，我還連任兩屆，直到我競選鄉長，才不再擔任鄉民代表。

　　鄉民代表的職責，簡單說就是為鄉民權益把關，也要爭取預算造福鄉里。

　　所謂的造福鄉里，不是一種口號，必須能夠接地氣，於是我從前的基層工作經驗就發揮功效。既然要為民喉舌，我就必須深入關注鄉親關心的事，也是在那幾年，我廣聽民意，真正去發現坪林在地的種種問題。

當時我關注的焦點，包含地方的建設，像是產業道路、排水溝等，還有一項重大的議題，就是位在坪林的翡翠水庫，以我當時的身分及職責，我自然不只是像從前只留意眼前民家的訴願。我已經懂得拉高視野，不只見樹也要見林，我看到的不只是一個個家戶個案，而是更宏觀地去了解整個坪林。

　　因為擔任鄉民代表那幾年打下的基礎，在我日後擔任鄉長，才能做到幫坪林鄉做地區定位，以及擘畫坪林的未來願景。

　　只有經過歷練，才會發現，原來站在不同的崗位，會有不同的思維。站在高位的人，要既能包容底下人的觀點，又能提出更高格局觀點。

　　好比，擔任員工時關心的只是薪水多寡、有無員工福利這類的事，擔任主管才會了解不同人事各有立場。以前認為理所當然的事，當主管後會發現沒那麼簡單；而當你身為老闆，關注的則是公司的存亡，並且感嘆員工為何見識那麼狹隘？

　　這些過程都需要歷練才知道，就好像我在擔任鄉公所職員、鄉民代表以及鄉長等不同階段歷練，視野高度就不一樣。

一個人要做到，提升心態格局讓自己進階到更高的思維高度，而不是要到自己被提升職位，才來提升思維格局。

　　我在擔任基層公務員期間，開始協助坪林鄉親，處理水源保護地範圍內的搬遷補償事宜。

　　到了擔任鄉民代表期間，我知道整個坪林都對水源保護規範有困擾，那時我才找到問題關鍵，出在翡翠水庫以及水源保護區的定位。

　　因此有了後來我為爭取坪林鄉民福利，與台北翡翠水庫管理單位抗爭的情事。

✳ 立志找回坪林的清白

　　關於翡翠水庫，坪林鄉民碰到雙重困擾。第一重，因為環境保育以及水源保護這樣攸關大台北地區用水安全的大事，坪林許多居民工作與經濟來源必須配合政府政策做改變，平日生活也受到相關限制。但為了整個國家大我，坪林鄉民身為小我，也只能盡量配合。然而還有第二重困擾，那就是有很長一段時間，坪林人不只被迫改變生活，竟然還要背負汙名。

直到今天，我都還保存當年的媒體報導，例如連續幾年夏天，台北市政府發布的用水評估檢驗結果，數據顯示水質有優養化現象，意思是說因為某種汙染源導致富含氮、磷成分的物質。在政府發布的新聞稿中，雖未指明坪林就是帶來汙染的兇手，但整篇報導指稱「上游地區」的種茶戶、養豬戶是導致水庫品質變差的元凶。

　　那是民國70年代末期，當時的我擔任鄉民代表，看到坪林被汙衊我很生氣，但是苦於沒有相應的身分去反駁，並且就算想提出抗議，實際上我也無法拿出什麼數據來做澄清。當時我只能以一般民眾的身分去函反應，但後來都沒有下文。

　　這也是促使我覺得，若真的要有更大發聲權，可能必須朝縣議員或鄉長的位階發展。因為這樣子的內心動力，讓我後來真的當到了鄉長的位階。

　　每個人做事背後都該有個動機，否則就只是隨波逐流的過日子。可以發現，雖然我們無法看到人心在想什麼，依然可以感覺到一個人是不是真的有心想做事。同樣是爭取一個職位，你會發現，一個一心只想為自己謀福利的人，即便他說得頭頭是道，人民也會感受到他的不真誠。相對來說，一個內心有著宏圖大志的人，他自然會在競爭某個職位時，展現出他的熱誠，那是由內發諸於外的一種，雖然看不見，卻具有感染力的熱誠。

我競選鄉長不是為了個人的私利權位，我是真的覺得唯有擔任鄉長，才能讓我為鄉民做更多事。

　　我在民國87年榮任鄉長，並且後來又連任一次，一直服務到民國95年。

　　在我擔任鄉長時候，我真的做到了——找回坪林的清白。

　　我的做法不是採取與台北市政府對抗的姿態，那樣只會造成對立，最終受傷害的還是坪林鄉民。而是採取「事實勝於雄辯」，具體做法就是我後來執行了「封溪護魚」行動，我一方面希望彰顯坪林提供優質水給大台北人飲用外，並打造出坪林環保美麗家園的形象，且讓社會大眾都看見「坪林水質」有多美，所以水庫汙染請不要汙衊到坪林人身上。另外，我自己去進修學業，也花時間探討水資源保護區問題，找到其實水庫初期蓄水量少且水流動性非常小，造成水質汙染的真正原因，是當年水庫蓄水時，沒有真正清理好雜草，導致那些雜草腐爛，這才是成為翡翠水庫優養化的禍首。

　　我從封溪護魚，逐步將坪林之美展現給世人後，從那年起，台北市不再把水庫優養化這件事歸罪於坪林人。

　　這是我擔任鄉長以來為坪林人爭回的權益外，另外創造有「水中螢火蟲」美譽的苦花魚群，帶來更多市民大眾觀賞與飲水思源感恩之情。

我的熱情完全植基於內心的強大使命，一切為大我，無關權力名位。

＊不受外界雜音干擾，堅持做對的事

其實在競選鄉長前，我的內心就已經有個藍圖，應該怎樣定位坪林為環境保育之鄉。這是因為，坪林本身一方面本就擁有美麗自然的山林，二方面也因為身為翡翠水庫水源保育地，必須讓坪林可以成為國人安心認可的水源美境。

當然我也不會閉門造車，為了構思如何讓坪林成為美麗的環境保育之鄉，我花了很多工夫去研究國內外的相關案例。而當時在國內，一個也是跟環境保育以及水源相關的重要參考指標，就是嘉義的阿里山地區。

「封溪護魚」不是我發明的名詞，而是一個當年台灣環境保育觀念崛起後，一個結合林務局環境護育政策以及各地方觀光資源開拓的施政作為，最早的成功案例，是高雄縣三民鄉楠梓仙溪與嘉義縣阿里山鄉山美村達娜伊谷，而以大台北地區來說，我在坪林地區包含北勢溪以及金瓜寮溪全流域所做的「封溪護魚」，是站在觀念之先。包括石碇、平溪、雙溪、烏來、淡水、三芝、貢寮，都是隨後再跟進。以全台灣各鄉鎮縣市來看，坪林的「封溪護魚」也是屬於很早就啟

動，也做得很成功的典範，這要感謝坪林鄉親的信任與配合。直到今天，坪林的美麗大家都看得見。

我必須說，推動封溪護魚這件事，一開始會是吃力不討好的，因為它不會帶給鄉民立即的商業收益，反倒初始會因需要改變而帶給居民麻煩。如果一個政治人物，只想討好民眾，而不去管將來在地的發展福祉，其實是可以不必投入可能會讓民眾不領情的計畫。

這就是一種格局，你是不是願意放下小我自身利益的顧慮，堅定地去推展一個對大我有利的任務？當一開始眾人不看好時，你能不能不受周邊雜音影響，行所當行，即便可能不利自己升遷發展，也無怨無悔？

有格局有擔當的人，可以為了三、五年後才會帶來成果的計畫，不計個人榮辱去付出，那需要非常的睿智與勇氣。

最終結果，時間將會證明你的遠見，你也將獲得人們尊敬。

「封溪護魚」可以說是我上任後，第一個有別於過往鄉長的重大任務，我在鄉民代表時期就已做好功課，考察了坪林的幾條主要溪流，也劃定了北勢溪、魚堀溪，大約就是水庫集水區上游500公尺的流域領域內，及金瓜寮溪全部範圍，將之列為「護魚保育區」。這就是說，原本許多在地

人會在溪裡抓魚，從封溪護魚執行開始，這些活動就必須禁止。

可想而知，影響到捕魚的利益，一定會有人抗議或不解。我的做法不是用公權力硬幹。我先召集民眾開了說明會，並且還組成觀光考察團，透過兩日遊形式，既能與民同樂，讓彼此更了解，並且是真正去看到其他鄉鎮的成功案例。

那時候我帶鄉民去到嘉義阿里山，過程中我也都做了充分準備，安排好流程，搭配著專業的講解。我告訴鄉民們，自己小時候也會抓魚賣錢啊！現場有些從我小時候就認識我的長輩，聽了也哈哈大笑，但話鋒一轉，我說現在時代在變，我們要讓坪林鄉走在時代尖端，可以提供好水推展生態保育觀念，以及讓大台北人飲水思源感恩我們，是種可以保護自己並可讓子子孫孫健康幸福的事。

為了讓坪林成為美麗的環保之鄉，你們願意犧牲原本抓魚的樂趣嗎？

經過我的真誠分享，鄉親們不但願意接受，並且後來他們還成立護魚隊，時時巡視溪流，成為坪林環保的第一線尖兵。

所以不要總是把民眾想成貪財貪利的人，其實大部分人也都是願意為了整體的長遠幸福，願意付出不計個人利益。

端看一個領導人，你是否可以得到民眾信服，願意追隨你的願景。

只有心存私利的人，才會目光所及，以為大家只追求利益。

一個格局夠高遠的人，可以領導的，也會是格局高遠的團隊以及住民。

就這樣，坪林鄉推動起「封溪護魚」。

老實說，這絕非一朝一夕的工作，要看到美麗果實，其時間可能要以年計。但坪林鄉親有志一同全力相挺。

而才執行半年就已經有初步成果，藉由長期觀察，有具體數據證明溪中的魚成長很多。我們也在每年台北市政府要公布翡翠水庫水質狀況前，先舉行了記者會，現場也讓記者們採訪流入水庫的溪水多麼清澈，魚兒這麼多，活得這麼好，足見坪林的溪流多乾淨美麗。

以後請不要再說坪林是水庫的汙染源了。

☀人生變身方程式☀

✓ 人總要不斷成長，不要固守原本職位，要跳脫舒適圈，探索新的可能。

✓ 每次的躍升，總要拓展自己更高的視野。而你也會培養更寬廣視野後，有機會進入下一次躍升。

✓ 當你心中有大我，就會展現出一種沛然莫之能禦的氣質，做什麼事都比較容易成功。相反地，你心中只想著自己，做事就難免瞻前顧後不夠光明磊落，事業也較難突破。

✓ 真正做大事的人，眼光要看遠，可能一件事的結果，要好幾年後才能被看見，你仍願意去從事，才是天地間一個有浩然正氣的人

Lesson3
開始從政之路

　　提起政治，人們的觀感印象是什麼呢？是兩黨對立長年相互攻訐？還是每個職位後面種種錯縱複雜的政商環節？

　　其實，政治也者，如同國父孫中山先生所說：「政就是眾人之事，治就是管理，管理眾人之事，便是政治。」

　　真正的從政者，是要扛最大責任使命的人。表面上看所有的資源都在他手裡，實際上，他沒日沒夜付出，殫精竭慮，真正被造福的是受到服務的人，主政者則永遠處在吃力不討好的位置：把事情做好是應該的，一旦有任何缺失就被放大檢視。政治，絕對是付出與報酬不成正比，沒有政治人物會要求加班費，而真正清廉的政務官所得也是很少，遠遠比不上企業家。

　　我的從政資歷不算多，但前後加起來也超過十五年。加上後來進入民間社團擔任幹部，某種型態也是管理眾人之事。

　　因此我對從政也有很大的心得。基本上，我認為每個人一生若有機會，一定要爭取讓自己成為可以擔任管理眾人之事，因為在那樣的職位，你將可以培養更寬廣的胸襟，以及磨練自己在碰到各種突發狀況時的應變能力。

✽從政初衷，關心眾人之事

以從政來說，基本上可透過兩種角度切入，來做服務眾人之事。

一個就是由上對下，從一國最高位階的總統，到各部會首長幹部，以及地方自治體系下，由縣市長到鄉鎮長乃至於里長等，在古時候這種管理位階體系叫做「牧民」。《管子·牧民》一書裡寫道：「凡有地牧民者，務在四時，守在倉廩」簡單來說，就是要照顧好管轄的民眾生活生計。

一個是由下對上，也就是民主時代才誕生的民意代表制度，所謂為民喉舌者，包括地位尊崇的國會議員、立法委員，以及各地方被選舉出來的區域代表。相對於牧民者，要興政，要順民心。民意代表則要督政，要反映民心。

同樣叫做從政，思維卻大不同，甚至許多時候立場完全相反。而我在20歲到40歲這段人生黃金歲月，擔任牧民者跟為民喉舌者的期間，正好各占一半時間。

長期以來人們總說台灣各地方選舉，派系很重要。我必須說，這件事是真的，並且從威權的民國5、60年代，直到現今的開放世代，都始終沒變。

暫且不談黑暗面的利益勾結，單從利益眾生觀點來看，派系的出現是有道理的，因為可以代表不同聲音。好比以開闢道路這件事來說，一派會主張經濟優先，可以帶來人潮及錢潮這件事最重要；一派主張環境優先，守護美好山林，才能有永續未來。

　　孰對孰錯？這沒有標準答案，最終應該取決於民意的依歸，而派系代表不同意見發聲。

　　可惜到了後來，大部分派系變成不只是為理念發聲，而是建立山頭，主張勢力範圍。乃至於民主制度到頭來不是選擇理念，而是分別被不同派系「收編」。而在那個年代以坪林或是幾乎全台灣各鄉鎮市區來說，當派系變成權力象徵，為了「公平」，而非為了民眾福祉，往往形成一些輪流「掌權」的「慣例」，也就是這屆如果是A派主政，下屆就應該換B派主政。

　　這樣就等同明目張膽的政治分贓，好像政治是一塊肥肉，大家輪流來啃。

　　這自然是不對的，要突破這件事的唯一方法，就是讓「真正的主人」站起來，用群眾聲音壓過派系分贓時的對立不堪。

　　當這樣的事情發生時，就可能發生所謂「連任」的狀況。

我是坪林鄉地方自治史以來，第一個突破派系輪替潛規則，真正以實力獲得人民信任，連任兩屆鄉長的人。

　　老實說，要不是心中有強烈的企圖心，我真的很想在坪林鄉做一番事業，否則當時年紀輕且「輩分」尚低的我，也不太敢甘冒大不韙，去衝撞傳統的派系制度。

　　當時坪林有兩個眾所周知的派系，競選時，我跟當時鄉長算是不同派系。原有派系一耳聞我有志參選，就有人來找我「協調」，說派系競爭對民眾不好。這點是有說動我的，我也不想因為兩派爭鬥影響百姓權益，我原本就想好吧！那就不選鄉長，仍從事我原本的基層服務好了。

　　但事情的發展不是如此，說好自己不再出來選，改派代表會主席來參選的鄉長，後來卻沒有遵照協商所約定，結果他還是出來選，當年的代表會主席也出來選，甚至副主席也參一腳。當對方明顯違反承諾，我也感慨如果他們同屬一派系，有著相同理念的人，只想爭奪這職位，顯然沒把百姓福祉放第一位，否則就應該聚焦在自身派系理念，由一個代表來服務人群。

　　既然對方無心牧民，那麼有心想做一番事業的我，就決定出來選。

　　實在說，比起對方，我相對比較沒有資源，並且我當時登記參選已經比較晚了，也沒有什麼競選行銷經費。

但最終鄉民願意選擇我做為他們的鄉長，並且我的票數以超乎預期的高票壓過對方。

於是我成為坪林鄉的第十三任鄉長，之後連任第十四屆鄉長。

這裡不是要談我有多厲害，以及哪一方的不對。

而是要強調，**做任何事都要回歸到根本：想想你做一件事的初衷是什麼？**

從政初衷，不該是為了政商資源，而是為了服務人民。當一個人瘋狂投入一件事到後來卻忘了自己的初衷，那選民眼睛是雪亮的，真正想做事的人才會獲得青睞。

這樣的道理其實也適用到人生各個領域。包括青年立志。

好比有人立志賺大錢，但賺大錢算是一種「志向」嗎？其實錢不該是立志的目的，除非你立志要當古幣收藏家，錢應該只是讓你完成志向伴隨的結果，以及做為繼續推廣志向的後續資源。

若一心只為錢或權，導致整個心被蒙蔽了，那就不叫立志了，反倒是種喪志。

✱聰明幫助人才是王道

　　從政者，必須要有更高格局的智慧，而不是一味討好人民。雖然從政者總謙稱自己是「公僕」，但實務上，如果人們要你做什麼，你就聽話照做，真的把自己當成僕人，那就格局太低了。**管理眾人之事，你為什麼有資格？重點就在於你要能比大家想得更遠，並且要有足夠的勇氣**，當大多數人反對質疑，你仍然不畏反對聲浪，願意行所當行。

　　其實這個道理也適用在各個跟領導相關的領域，或者當你成為資源分配者，也須有相當的智慧與勇氣，例如你是企業老闆，難道會因為甲員工提出某意見就照他說的做，後來乙、丙員工也提出意見，你也照做，可是當大家都提出不同意見時，你就無所適從了。

　　真正的主政者或決策者，不只不能人云亦云，甚至也不能太依賴民主制，畢竟很多事情若開放給民智未開的大多數人，那投票結果一定是反對。例如在還沒有電燈的時代，難道要公民投票表決，政府才決定廣設電線及公眾照明體系嗎？

我是個熱愛服務，從小就有慈悲心的人。

當我年紀小的時候，總以為幫助人就是對的，但直到年紀更長才體悟到——「聰明地」幫助人才是王道。而當後來從政，就更必須以更高遠格局來看助人這件事。

最常聽到的例子，「助人，與其給他魚，不如給他釣竿」。這就是跳脫「眼前當好人」的格局，將自己提升到「如何做到長遠來說對他好」。

我在年輕時擔任坪林鄉的社福約聘人員，當時就是承主管命令，從事在地各種福利工作，好比關心幼兒園，還有重陽節帶老人去做健檢等工作。

其實從事基層工作多年，我也發現，同樣的施政，在不同年代要有不同的做法。就以協助低收入戶這件事來說，我在年輕時承辦此類工作，根本不太有考核方面的困擾，當我們訪查對方是低收入戶，對方真的就是低收入戶，甚至很多時候，對方明明生計上有壓力，可是卻不願自己被視為低收入戶，因為他覺得這樣太沒面子，有辱祖宗。

然而時至今日，當我們要考察低收入戶，就真的必須從嚴了。為什麼？因為人心貪婪了！現在情況是，很多人也許根本就擁有房地產，比一般鄉民平均值要富裕，卻也為了貪心，來申請低收入戶補助。表面上他可以申請，因為一來他失業沒勞健保，但實際上他是不需要工作的包租公。二來他

戶頭沒半毛錢，實際上他登記在子女名下的資產有上千萬。

如果一個主政者或承辦人員，只照章辦事，結果每年奉送大把銀子給那些平日吃香喝辣的人，卻讓真正需要被救助的人被擋在門外，那樣的政府就會被視為愚蠢的政府。

所以主政者，或者主導某個資源分配的人，不要以為公益事業是最單純無私的事業，**任何專業都還是需要「明辨是非」的能力，以及「預見未來」的格局。**

好比手上有一筆經費，你是要補助一個快要山窮水盡的夕陽工業，還是一個正在起飛但尚無成績的新興產業？當你選擇把錢丟給表面上嗷嗷待哺的企業，實際上卻只是幫老闆卸責，讓他把遣散員工的爛攤子丟給政府；而那個原本可能因資金挹注，將來會成長為在地之光的企業，卻因關鍵時刻沒有得到補助，而讓發展之火還沒點燃就熄滅了。

當主政者還沾沾自喜覺得自己在「助人」，實際上卻成為眼光短淺的假慈善家。

但這可是很為難啊！怎麼分辨該做哪個選擇呢？

所以說從政是一種責任，是一種使命。**要當主政者，要扛的不只是對眼前現狀的難題解決，而是站在此時此刻，往未來五年、十年、二十年去擘劃。**

你做得到嗎？

不只是從政者。有人年輕時立志要當大老闆，立志要當

大將軍，或立志要當太空人。但回歸原本同樣問題——你能扛起那個職位代表的使命及責任嗎？還是你只想享受位高權重，鎂光燈下被報導的感覺，而忘了自己「必須要做事」？

當年我擔任鄉長，老實說，內心壓力大過當選後的榮耀，就是因為如此。

但我既然選擇這條路，就要扛起我該扛的責任。在本書後面幾章我也會介紹我的許多施政作為，很多的都是初始不被看好，反對聲浪大過支持聲音，但我確認我做的是對的，就努力去投入。

做對的事，基本依循標準——要讓一件事帶給最多人最大效益。

舉例來說，幫助一個貧戶，與其每個月救濟他幾千元，正確做法應該設法送他去培訓，讓他擁有自力更生的一技之長。

還有何謂造福鄉里？是辦個風光的活動，短期內吸引一堆人潮，三天後人去樓空，原來鄉里還是又老又窮。還是設法細水長流，把鄉里打造成吸引人長年造訪的美境，十年、二十年後都依然會有人潮？

在辦活動當天就有效果，有記者會來幫你拍照，鄉親也都稱讚你，可是細水長流的事，可能就得不到這些了，你願意嗎？

這些都是我不管擔任什麼職位，鄉民代表也好、鄉長也好、或者日後投入獅子會服務，內心時時在思考判斷的事。

＊花時間溝通，順利抵達終點

　　我一直不認為被稱讚是「好人」一定是好事，就好比我知道很多企業家喜歡捐款，跟弱勢者拍照留影登上媒體，包括我自己在不同崗位，不論是當鄉長或獅子會長，也經常有機會站在鎂光燈下，成為好人好事代表。這些都是為了建立單位的形象，從過去到現代都一樣，透過媒體行銷是不得不的事。可是，我也深深知道，不是拿著捐款支票跟受幫助者拍照才是真正行善。

　　太多的時候，行善者是不被看見的，甚至最極端的狀況，初始還被留下罵名，只有當過了一段時間，真相呈現了，人們才驚覺，這人才是行善者，他過往被誤會了。

　　難道沒有破解方法嗎？如果這社會永遠強調的是鎂光燈效應，而沒耐心去管十年、二十年後的未來。那不是變成這社會鼓勵從政者只炒短線嗎？

　　方法還是有的，重點就是「溝通」。

　　就好比你不能悶著頭，在眾人困惑下硬是興建一條穿越冷僻地方的路，你可以花點工夫畫出未來願景藍圖，表明這

條路將來會成為全台灣唯一的油杉步道，也奠定本地區環保模範基礎。

相信只要你願意花時間溝通，多數民眾還是會恍然大悟，並且稱讚你是有遠見的人。而若是溝通後，大部分人還是霧煞煞，無法接受你的立論。那你依然不能放棄，代表你溝通還不夠，或者溝通不得法。可以跟幕僚討論，選擇最佳的闡述方式，不厭其煩擇日繼續跟民眾溝通，相信只要是好的政策，經過溝通，還是可以取得民眾的信任。

包括你不是擔任主政者，但當你發現某件事，過往的做法是錯誤的，或者說有很大的改善空間。只要你是某個任務的承辦單位，你就有責任把你的想法對主政者溝通。當然，溝通結果有兩種，一種是上面不認同或不懂你的想法，那還是一樣，你不能放棄繼續溝通，最終上面還是不同意，那你就只能悶著頭照長官指示做，或者選擇離職。我從前就曾因為跟上級理念不合，而選擇離職。另一種當然就是最好的結果，你的想法不但說服了上級，也奠定了本單位長久的政策。

我在年輕初擔任公職時，以基層承辦人員身分面對民眾，當時我以誠信做事。當民眾跟我反映問題，在我專業上可以處理的，當場就解決。若我本身不懂的，也不會打馬虎

眼，會跟對方說我回去請示長官，並且一定會依承諾，把我請示的結果跟對方回報。

那年為了配合政府的保育政策，上級採取提供搬遷補償金，要求養豬戶遷離水源保護區的法令。我身為第一線執行者，發現地方很多人反彈，不明就裡的上級，可能以為民眾因為不想搬家，所以一定會抗議。

但我深入去了解才發現，民眾會抗議是因為補償不公，因為政府的做法是訂定統一標準，給予大家相同補償金。在我實地了解過後，發現不同養豬戶有不同的豬舍建置成本，有的人是一般石牆圈地養豬，但有人卻是用心加做石板且蓋了化糞池，豬舍施工做法不同，成本差異很大，政府卻一視同仁給相同的錢，自然有人抗議。

當我了解這個原因之後，選擇不以公權力硬幹，而是屢屢跟上級溝通，我盡量站在鄉民角度，替對方爭取足夠的福利，但也要設法讓上級知道，我真的也是為「上級做事」。因此溝通上，我會刻意提到上級的痛點以及解方，例如我跟長官說：「你們也不希望明明是想幫助鄉民，結果卻還被罵到臭頭吧？」我建議的做法，可以如何提高經費，但又不會超出預算太多。

老實說，在當時最簡單的做法就是，一切照規定做，反正民眾罵歸罵也不敢跟政府對幹。但我選擇的是多方溝通，跟上級、跟村長、跟養豬戶，來來回回跑好幾趟，最終達成任務。

　　雖然把自己搞得很累，可是內心是快樂的。

　　這也就是當年我的付出被看見了，奠基了我後來從政當選的基礎。

☀人生變身方程式☀

✓ 做任何事總要秉持初衷，這樣才能心安理得的拚事業。

✓ 特別是從政，你一個人的決策影響萬千百姓的生活，更要謹慎從事。

✓ 不要當濫好人，當你能夠以更高格局看事情，有時候，你要有當壞人的勇氣，所謂壞人當然不是指做壞事，而是指你可能不被大多數人認可，但你知道你做的是「行所當為」的事。

✓ 要長遠角度看事情，但也要建立一定的支持，可以的話，盡量透過溝通，設法讓你的願景被看見。這樣後續做事也比較能事半功倍。

Lesson4
命運該由自己掌握

　　身為曾經的從政者，我平常也很關心政治名人講的話語，因為老實說，能夠成為從政者，也就是在數以萬計的人中脫穎而出，被指定為民服務的人，肯定有兩把刷子，這樣的人講的話，一定很有智慧，我們可以多跟政治人物學習。

　　有一篇美國歷任總統都曾引用過的智慧話語，也是影響我人生很重要的箴言，源自美國神學家尼布爾寫的〈寧靜禱文〉：「親愛的上帝，請賜給我雅量從容的接受不可改變的事，賜給我勇氣去改變應該改變的事，並賜給我智慧去分辨什麼是可以改變的，什麼是不可以改變的。」

　　不論是擔任鄉長時期，或者擔任獅子會總監時期，我都曾碰到很大的難題，那種令人徹夜難眠的困難挑戰，或者左右兩難，卻又必須快速做決斷的時刻。最終，就還是回歸自己的良知；我知道我做的是「對得起自己」的事，雖然無法盡善盡美，但上天知道，我真的盡力了。

　　而決策既下，就無須後悔。

　　這世間的確有很多人力可改變的事，甚至有所謂人定勝天，但這世間也依然充滿人力難以克服的事，所謂的無常，所謂的命運。

　　盡己所能迎戰可克服的事，命運的部分，就交給上天吧！

＊命運絕非完全天註定

不可否認，命運帶給我們每個人很大的影響。就如同我也說過的，如果人生轉個彎，我原本應該去中華電信當個工程人員的。

更多時候，人生就像命運發給你一手撲克牌，所有的牌都是固定的，但一個優秀的人，可以將手中的牌做最大的應用。甚至化腐朽為神奇，別人看你一手爛牌，你卻把自己活成全場最大的贏家。

命運給我的幾張固定的牌，像是我是出身貧鄉的農家子弟，也像是我最早學習的是電子電信專業。但後來帶給我改變的，則是在命運轉折點，我接觸了不同的領域，並且在新的領域遇到貴人，包括我的另一半也是因此這樣認識。

原來出身電子電信相關科系的我，在擔任鄉公所公職捧著鐵飯碗時，卻因為不滿足現況，想要提升自己學歷，結果考上了工專夜間部，因為當時的成績只能選土木工程科，我是這樣投入土木專業領域的。

我在念專科期間，必須白天忙鄉公所的工作，晚上則趕去台北念書，非常辛苦。但在專科期間，卻遇見兩位改變我一生的人，第一個自然是我的終身伴侶，她正是我的同班同學。另外一位是長我很多的前輩，一個已經創業有成的老

閣，再回頭來重新當學生。這個前輩非常照顧我，後來也是他投資我一起經營管理一間營造公司。這讓我有了事業，也讓我從鄉長職位退休後，依然有個蓬勃發展的根據地，讓我不但可以養家活口，還能締造財富自由生活。

以上是命運的部分，命運讓我學習土木工程，讓我遇到生命中的貴人。

但同樣的人生撲克牌組合，不是每個人都可以打出一手好牌，我後來結合命運帶給我的資源，用心拓展我的人生。包括我擔任鄉長期間，善用我在土木工程學到的專業，加上我後來又去研究所進修，不誇張地說，如今坪林成為全台灣知名的水土保育典範鄉鎮，其關鍵時期，就在我鄉長任內，而我對於水土保育這方面的投入，就是植基於我研習的土木工程專業。

所謂命運的部分，並非我刻意安排的，就好比當年我不知道我後來會唸到土木工程科系，那時也不知道，將來會碰到翡翠水庫的上游水土保育問題。但當我擁有了這部分的知識及資源，我可以做到的，就是善用這樣的資源。在我所碰到的問題上。正是因為這部分的專業，當有人汙衊暗示坪林是帶來水質優養化的禍首，我才有實力去對抗去闢謠。

其實當年的我也沒想到，我的人生後來會投入營造事業。因為出身農家的我，原本對那方面是一竅不通的，也從

來不會想到，我可以透過種種建設來打造財富。

　　我只知道，我珍惜把握每一個情緣，當時我們班上有很多同學，說實話，我既不是最會念書的人，也不是很擅長社交風頭很穩健的人。但那位年長的同學卻願意信任我，把我當知己，後來還跟我一起合作事業，這讓我非常感恩。

　　那位貴人雖比我年長，但在過去時，身體比我好，相對來說，我因為擔任鄉長期間，日夜操忙，這樣連續八年下來，反倒因長年不得休息，種種慢性病都來了。後來鄉長卸任後，我本來是想靜下來，先不從事任何工作，好好休養及陪伴家人，可能就此過著「坐看雲起時」的人生。

　　然而正是我卸任鄉長同年，那位貴人同學主動來找我，帶給我一個晴天霹靂消息，他已經罹患癌症末期，自知時日無多了。

　　我知道我不能丟著公司不管了，因為就如他所說的，他不是一個人，他要負責底下許多員工的生計，這是一種領導者的責任，也是我自己同樣念茲在茲的做人道理。

　　就這樣，我人生有了新的發展。貴人同學趁著他還有體力，教導我許多營建業的第一線實務，包括如何招標工程，如何規畫每個工地的進程，也讓我逐步接手他的工作，我也重新複習了學生時代的功課，讓自己成為專業的土木工程人。

民國100年，我的貴人朋友病逝於醫院，至少我已讓他感到安心，完整接手了營建公司，後來一路營運到我年過60歲退休。

這位貴人朋友姓林，是知名的板橋林家一分子，他大我整整12歲，有著豐富的見識，以及出身大家族的待人接物風範，況且他背後有金援，讓我們事業經營過程中，比較不會擔心資金周轉問題。至今，我們秉持專業，也在大台北區成就許多頗獲好評的建案。

而我的終身伴侶，也是位奇人，她是嘉義人，身為女子，卻對工程建築很有興趣，在班上也是萬綠叢中一點紅。

不過老實說，若非命運安排，我們都是那種會對事情盡力付出，可是沒有立志要當老闆的人。我在坪林鄉公所擔任公職時期，妻子則在建築師事務所上班，也是經常忙碌加班，任勞任怨地，但從來沒提過要創業。

最終還是命運安排，讓我們夫妻後來經營公司。

所以人生跟命運息息相關，但我依然要強調，命運是命運，**但人生可以自己掌控。其中最主要的突破關鍵，就是學習，這完全有賴自己的意志力。**我當年是因為自己想要更精進（並非任何長官規定），以半工半讀方式念夜校，後來則是基於想要更上一層樓，去唸了大學跟研究所，專精水資

源，因此當我提起翡翠水庫的種種，我可不是只憑幕僚報告，而是自身有去深入研究。

學習真的很重要，所謂活到老學到老，我後來知道，年輕時期去淡水公路局服務，當年的工務課長，也去當「資深學生」，他今年都已經80好幾，仍好學不倦。

人生無絕對，上天發給你一手牌，如何把這手牌打好是你的責任，而非命運天註定。

＊面對珍貴坪林油杉的兩難

命運絕非天註定，而就算發生同樣命運，不同的人，處理的方式不同，結局也必然不同。

其實對命運最有感觸的職位，不是別人，正是從政者。

為什麼呢？因為從政者，特別是站在越高位的人，他會面對的是一般民眾無法知曉的種種情事，好比說站在總統角度，他可能要面對的是——民眾不知道的詭譎國際情勢，或者我當年擔任鄉長，也看到以前當鄉民時沒能關注到的各面向。

對從政者來說，他面對的「上天安排好的事實」（命運），例如坪林鄉，不論誰來當政，當地天生的自然環境以及位在溪流上游的「事實」，不會改變。只是從前你在當鄉民，以為理所當然的事，到你當鄉長時，因為你擁有更多資訊，以及有更多層面要考量，你的想法也就不得不改變。

　　常聽到有人批評從政人員，不論是民意代表或者部會首長，罵他們「競選時是一副嘴臉，當選後又是另一副嘴臉」、或者「以前在民間不是常常呼籲政府要幹嘛幹嘛，怎麼現在自己當官了，就忘了從前的承諾？」

　　這裡我不是為誰幫腔，但真的必須誠心地說，不是很多政府官員故意「換了職位就換了腦袋」，或因政治而腐敗內心，而是真的**原本「換職位你就該換腦袋」。這不是違背初衷，而是當你格局提升了，你看事情就真的角度必須不一樣。**

　　我在坪林鄉服務時，就有注意到坪林有個珍貴的資產叫做「油杉」。聽名字好像很普通，但其實油杉珍貴的地方，在於它已被政府列為保育類植物，這是早在人類未誕生前的冰河時代，就已經存在的植物。至今，全台也只有兩處完整的油杉保育區，一處在高雄大武山，一處就是在坪林。

有這麼全國數一數二的特色，我自然很想要大力宣傳，做為坪林在地特色之一。當我一選上鄉長，就開始找機會，一有對外發表言論介紹坪林時，都會提到坪林的油杉。

　　沒想到有一天屬於中央單位的林務局，有一群官員非常慎重地來拜訪我，談論的主題，竟然是請我「不要」推廣油杉。

　　我自然感到納悶了，為什麼？這是國家機密嗎？

　　專業的林木專家告訴我，油杉是保育類植物，很怕汙染，意思是盡量不要讓最大的汙染源——也就是「人類」來靠近。並且當人一多，就有可能帶來森林著火危機，這會帶來不可挽救的浩劫。

　　雖然林務局不是我的直屬單位，我也不是怕他們請更高層單位來壓制我，畢竟從政者一切都是為民，我的意見和林務局不同，但我也不會選擇跟上級單位對抗。不過我有疑問還是必須溝通，我的意見是，一個保育類植物被保護是對的，但保護到完全不讓人靠近，是不是矯枉過正了？那就好比故宮文物翠玉白菜，若因為很珍貴，所以完全不對外開放，都封藏在倉庫裡，那豈不是很可笑？

我們沒有爭吵，就只是意見交流溝通，後來林務局結合我的意見。結論是，我們不刻意對外宣傳。所以，除非是對植物很有興趣的學者，否則至今一般民眾應該不知道坪林有油杉保護區，但也不須刻意隱藏。原本的油杉保護區，我們不特別對外公開，目前因為刻意的不維護，所以通往油杉「秘境」的道路已經荒廢，只有林務人員知道怎麼到達。但我商請林務局，送來30棵油杉樹苗，種植在當年興建中的茶業博物館旁生態公園裡，這就是至今人們可以在坪林生態公園看到的油杉。

　　所以這就是從政者的作為，當我是平民梁金生，我可以主張油杉應該開放，讓大家可以欣賞自然保育植物，但當我站在更高格局，來思考成為鄉長梁金生，我也願意搭配林務局做法，選擇不特別開放油杉保育區，可是也懂得另外栽植，可以供類似學校老師做校外教學，作為可以學習的場域。

　　還是回歸那句話：政治就是管理眾人之事，眾人福祉由誰定義？不同位階的人有不同思考格局。

　　最終就是要善用納稅人的錢，做合理的應用。不只對現在的民眾需求有照顧，也要關注到未來的子子孫孫。

＊老人「金」歡喜的重陽節

　　主政者，要能了解一般民眾的想法，但又不能跟民眾一樣角度想事情，他不能只看眼前。

　　其實政治人物，有很多定位自己的方式。最不堪的政治人物，是想要趁在位時「大撈一筆」，此所以賄選若成立會被判很重的刑責，甚至可以關十年以上，那是因為如果還未當選就這樣撒錢，更擺明了當選後就來撈錢的。另一種定位則是過渡階段定位，這也不好，例如我們常聽說政治人物「要歷練」，好比一個要選總統或選縣長的人，過往歷練的資歷越多，人民就越信服，問題是，當你處在一個職位時，若只存著「混資歷」的心態，那對人民是很不負責。

　　其實這種現象不只存在於政界，企業界也一樣。

　　特別是企業界中高階主管，像是傳統型的大企業，可能依年資加經歷累積升遷的本錢。對於未來發展來說，最「安全」的做法，就是「蕭規曹隨」，反正這件事前代人是這麼做的，我們這一任也比照辦理，把過往檔案夾找來，依照流程走一遍，這樣準沒錯。

　　我不論在政界或商界，看多了安全牌。事實上，我看大部分人都是明哲保身，多一事不如少一事的心態，真正可以大開大闔，打造一番新氣象的人，主要是企業家，反正自己

是老闆，可以勇敢發揮創意，而對於比較下層的主管，或者比較地方層次的政府單位，就不太敢「過度躁進」。

　　我從以前到現在就是個「不按牌理出牌」的人，不是說我標新立異，而是我認為，如果凡事反正都照抄前朝的，那也太偷懶不負責任了吧！前朝做得好的，我們可以抓住基本精神，但別忘了時代是日新月異的，前朝的時代背景不一定跟現在一樣，至少細節一定有調整的必要。

　　我在任內做了許多的施政突破，也因為我的做法頗獲鄉民肯定，所以後來取得連任。

　　其中一個頗受民眾讚譽的新做法，就是重陽節敬老津貼。重陽節敬老，這件事本身是一定要做的，特別是由鄉鎮級單位來執行是最適合的。但該怎麼做呢？過往以來，經常維持十年、二十年以上，都是行禮如儀地由政府發放禮物給一定年紀的老人，年年都是類似的物品，甚至因為年年如此，連媒體都懶得報導，根本不算新聞。

　　可是當我自己當鄉長後，我就問自己，重陽節只能這樣辦嗎？

　　這件事不該問我，而該請教當事人。所以我真的花一番工夫，去探訪許多的老人。我問他們，重陽節到了，希望鄉公所送您什麼？我也問他們，以前每年送的那些東西還合用嗎？

結果我聽到的答案很傻眼，當政府覺得自己在救濟老人而沾沾自喜，請媒體拍照時，受贈的老人們卻覺得「唉呦！又來了」。那些毯子跟保溫瓶，根本帶回家就丟在倉庫裡，畢竟一個家需要幾個保溫瓶啊？平常也不是那麼常用。

但是老人到底需要什麼呢？

原以為答案會千奇百怪，會搞得自己無所適從。但是結果並不會，老人們答案反倒都大同小異，基本上不論男女，都喜歡戒指項鍊等金飾。為什麼？因為可以保值又貼身。

就這樣，傾聽民意後的我，推翻歷任鄉長的重陽節送禮做法。我這邊定調，從我上任那年起，重陽節送老人都送黃金。

當然也不需要很貴重的飾品，以當時黃金一錢大約1,000元台幣，其實也不算很貴，我們送給80歲以上老人，每人一錢的戒指，90歲以上老人，一錢半戒指。花的錢不會超出預算，但受者的觀感卻整個改觀。

「送金子耶！這太好了！」老人們紛紛誇讚，自己可以戴也可以傳給子孫。

這是一個突破過往窠臼的重陽節送禮新模式。

而很快地，從那次以後，隔年台北縣（現今新北市，下同）政府也在重陽節送金戒指。之後在全國也風行起來。

當然，做人做事要變通。我執政那八年的金價行情，跟現在又大不相同了。到了現代，不同的鄉鎮區長，應該要有自己的創意。不然，又變成大家墨守成規，比照前人辦理的守舊模式了。

　　總之，施政者願意站在民眾角度想事情，就能打造新創意，這不是為了自己政績，而是真正為民著想。

☀人生變身方程式☀

✓ 每個人都有自己的命運，但命運不代表你一生就被限定。

✓ 我們應該懂得掌握命運，開創屬於自己的全新人生。

✓ 做人不要太執著，特別是職位越高，看事情角度要更廣，要懂得做全方位的思維。當發現自己從前做法太過侷限，也要有足夠的視野格局，轉換新做法。

✓ 要做個跟前人不一樣的人，也不是天馬行空想事情，而是要植基於真正「如何可以造福到別人」，然後與時俱進地提出新想法。

夏之耘

展　業　篇

夏天，是耕耘的季節
大地充滿生機，日頭炎炎，滿眼綠意你必須四處拓展
從 1 到 100，男兒志在四方
不再故步自封，不再安於舒適圈，你必須踏出去！
本篇記錄了
我擔任坪林鄉長時期的一些突破性作為
包含如何在資源有限下，照顧到全鄉的人
包含我以偏鄉的小小力量，如何爭取地方最大利益
凡事盡其在我，沒有行動前，不要預設不可能

許多當年我的施政，後來也成為其他鄉鎮仿效的做法
我不是自詡為多前瞻多有成就
但總是開創新局的我，回首過往政績無怨無悔

年輕人！勇敢放手去做！
夏天是有大志的人，大展身手時候！

Lesson5
做個有格局的施政者

個人都有自己的立場，宗教、政治、哲學觀點上的……就連夫妻家人朋友間相處，也一定都會有意見不合，甚至是抱持南轅北轍的全然相反觀點。好比在台灣，人們總避不了政治話題，假定所謂深藍跟深綠，很極端政治光譜的兩人，可以同在一個辦公室共事嗎？或者可以當鄰居、當同學或當情侶嗎？

其實每個人的確都需要立場，否則就像個隨風漂流的柳絮，自己都不認識自己，別人跟你互動也少了著力點。但別忘了，在針對生活中各種層面建立自我思維的同時，你有一個更高更超然的「立場」！那就是身為一個人類，大家博愛一家、和諧共濟的立場。

特別越是身處高位，做事動見觀瞻的職位，更要提升自己的高度，擁有自己立場的同時，也要站在觀照全局的立場。

這也是從小我晉升到大我格局的自我試煉。

✱「與民有約」打造三贏

從政，是我年輕時所選擇的路，但不是為了爭取權位，而是要爭取服務人民的機會。所謂「不在其位不謀其政」，因為「名不正則言不順」，我擔任鄉長因為得到鄉民認可，他們選擇我為他們服務，但也必須說，鄉民選擇我，不只著眼於梁金生「這個人」，也涵蓋操守人品能力，也著眼梁金生所植基的「立場」。

其實，在台灣，長久以來，直到出書的今天也依然一樣，「政黨顏色」決定選舉主軸，政黨就是所謂的立場（雖然也不能因此百分百的當作個人理念的對應），無黨無派也就是純個人立場，較難勝出。正常來說，當選人之後建立的施政團隊，也一定找同黨的人，不是因為酬庸自己人，而是因為植基於共同理念才好施政。

但問題來了，施政者是為了要照顧認同自己的人，還是應該全部的人都照顧？

理論上，當選者應該為所有人服務，如果太過偏袒自己人，會被詬病，甚至嚴重的話，還牽涉到貪汙、徇私等罪名。然而長期以來，政治人物真正能做到超然的並不多，並且越到基層甚至更明顯；以當年的坪林鄉來說，就多多少少有這種現象。

當然，屬於法律規範的，施政者不能大小眼，否則有觸法之虞，例如該發補助金的，依規定，不論選民是否跟您同政黨同理念，只要符合標準就該發放。但以坪林基層單位來說，卻有很多純地方事務，施政者有權決定「關心的順序」，從這裡就可以看出格局了。

　　在我擔任鄉長前，地方上不明說的秘密，假定今年是「輪到」某個派系擔任鄉長，那屬於另一個派系的鄉民，若有各種需求，例如爭取鋪路或改善周邊環境，就得「緩一緩」，必須等到下一屆鄉長上任是屬於「自己人」，那時才能指望自己的需求及建言可以得到青睞。

　　長此以往都是如此，但我上任後，就刻意想打破這樣的派系迷思。

　　我是在上任第二年推出「與民有約」的活動。（因為第一年主要還是要熟悉地方事務，所以第二年才推出重大改革）。

　　所謂的「民」，就是全部的鄉民，不分派系的。我要真正傾聽坪林各村各鄰的基層心聲。

　　為何要特別「與民有約」呢？原來在地方自治上，村民跟鄉長間，還隔了一個牧民官——也就是村長。原則上鄉長有政令宣導及執行，是要透過村長，在行政倫理上，施政也都必須尊重村長，不能略過村長行事。

我特別推出「與民有約」，就是因為過往以來，如果鄉民有需要協助的地方，可能上傳到村長這邊，之後就因派系不同的關係，於是就卡關了。透過與民有約，我要強調的，不分派系，鄉民的事都是我的事，絕不會大小眼。

但是施政也是要有智慧，我想要親民，也不代表我要和立場不同的村長對立，那只會帶來長期的紛爭。

我的做法是，一方面傾聽民意，同時仍將施政權交給村長。

過往村民有意見，好比我家茶園前面道路需要修補，或者附近的路燈壞了，一到村長這邊，意見就被卡住，鄉長根本也不知道這件事。現在鄉長直接傾聽基層居民的聲音，知道哪裡燈壞了，這時再禮貌地和村長打聲招呼，貴村某某路段的路燈壞了，請提出申請，鄉公所會派請工務單位去修理。

當鄉長都這樣說了，村長也不可能不遵守，否則他自己就站不住腳。但同時間，我也沒有越過村長職權辦事，依然遵照行政倫理，透過地方自治層層施政，最終修補電燈的處理，包括表面上為民解決困擾的「美名」，也是掛在村長頭上。如此帶來三贏——村民的問題解決了、村長被村民感謝，而鄉長也能真正做到想要造福鄉民的理念。

＊用時間寫下奇蹟

你可能支持我，也可能不支持我，但你有事情，都可以來跟我反映。

這不僅是我從政時想要為民做事的作風，也是我在擔任各種職位，好比擔任獅子會長，或者在民間經營事業時的基本信念都是如此。

當你願意展現「大家共好」的思維，久而久之，當人們相信你真的具備無私胸懷，就更願意與你共事。

重點是你必須經得起時間考驗，特別是當你做的事是由你首創，或者你是大刀闊斧，推翻前人施政慣例時，你必然會要承受一段時間的被質疑、被認為別有居心，或者認為你只是標新立異，不然就是認為你不切實際。

如果你新官上任三把火，但只燒個兩、三個月，就熱情消滅，原先呼喊的願景無疾而終。那你將會比「守舊無為」還糟，就坐實了人們心中原本想的：「我就說嘛！講什麼大道理？最後還不是三分鐘熱度？」

因此當你下定決心想做改革，就要有承擔各種反對聲音的勇氣，有著「雖千萬人吾往矣」的氣魄。若你自己對想推動的新政沒信心，還不如等準備好了再推動，而不要為了想展現自己（以現代流行語來說：刷存在感），而急就章的對外宣布新政策。

這也是我所看到許多執政者，乃至企業裡的高階主管新上任時，經常犯的錯誤。

當年我之所以推出新做法，也不是一上任就做，我也是觀察地方民情，並且真正跟幕僚討論、思考周密後，才推出「與民有約」。

老實說，我剛推出「與民有約」時，那一年反應不算熱烈，因為大部分人總還是想著「這有可能嗎？」

這也讓我想起商鞅變法的故事。

戰國時代的秦國，原本也是法治不彰、百廢待舉的弱國。直到商鞅授命施政，在秦國推動改革，當初商鞅推出許多政令時，百姓也都將信將疑。

有一回商鞅特別在國都市場南門立下一根木桿，並公告只要有人可以把這木桿搬到北門，就會給予十鎰黃金作為獎賞。好幾天都沒人去動，後來商鞅再加碼提高到五十鎰黃金。終於有個百姓抱著試試看心態，真的把木桿由南門搬去北門，而商鞅也代表政府真的賞給那人五十鎰黃金。這下，百姓終於相信政府是真的會說到做到。此後，商鞅頒布的各項法令，就因此可以順利推動，經過商殃的變法圖強，最終秦國才能一統天下。

我在坪林鄉剛推出「與民有約」，初始申請這項服務，想跟我見面的人非常少。但我的做法，就用事實證明一切。

事實就是，今天村民甲反應，他家後面路燈不亮，沒隔幾天，鄉公所就真的派人去處理修好了；村民乙反應，通往住家的道路，因雨造成崩塌，已有一段時間，造成出入安全，請公所協助。經會請工務人員，邀請村長前往勘查，並提報縣政府尋求補助，再回饋給村民

「咦！好像是真的。這個梁金生，不是做表面工夫的，他真的願意幫我們解決困難耶！」村民紛紛傳開曾被鄉長解決問題的案例。

之後就簡單了，一個個村民感染其他民眾，願意陳述他們的問題，前來公所參加「與鄉長有約」。

某種層面來說，我也等於直接在民間建立「信用額度」，雖然我當時絕沒有心存任何選舉考量，但最終當你取信於民，那種力量是無可抵擋的。也就是因為這樣，我成為坪林地方自治史上，第一個打破派系輪替的陋習，能夠超越黨派，獲得全鄉絕大多數的支持，連任成功。

我當時的得票率，是高達近六成，真的是獲得來自不同派系的選票。

當然，做事有分兩種；做表面的，以及真正做事。

「與民有約」是我想要有一番作為的平台，但絕不代表是「討好選民」的平台。所以並不是今天有人來提出建議，或有什麼紛爭委屈，我就照單全收。

我的做法，某某村民提報，反映路壞了、需要水源、村長處事不公，我很重視這件事，但我接著就會安排時間去現場查驗。因為村民畢竟都只是站在他的角度看事情，他所以為的事實，不一定是真正的事實，身為鄉長的我要去現場真正了解狀況。如果村民本身誤解了，我也會跟村民溝通，而不是村民要什麼，我就給什麼。

總之，經過我的「與民有約」，我得到村民更多的信任。正因為這樣，讓整個鄉更活絡運轉起來，有些本來派系跟我不同的村長，現在被基層的聲音推動，也不得不跟我主動配合。況且我對每個村長真的都很尊重，他們也都感受到我的誠意，整個鄉上令下行，各種建設及政令宣導，都非常有效率。

如果當初我只是做表面工夫，或者看到反應不佳就停止此類活動，那就無法得到全民愛戴。

今天，不論你的職位是什麼，特別是如果你是身負使命，好比你是被挖角來挽救一家營運績效不佳的公司；或者你是老師，被指派去教導一個特別頑劣的班級。你剛開始面對的一定是種種阻撓。

我始終相信，真正喜歡動輒與你對立、或者各種負面聲音，其實都只是少數。絕大部分人都是「心存觀望」。**當你**

能夠堅持自己的使命理想，提出具體作為，並且不畏挑戰真的去落實。那你就會寫下奇蹟。

所謂奇蹟，不過就是原本就可以發生的事，當別人總是選擇放棄，只有你願意堅持去突破。

你就會被稱為打造奇蹟的人。

＊同鄉會搭起遊子的橋樑

不論是否擔任鄉長，我這一生心中，永遠有著對坪林不渝的熱愛。我以身為坪林人為傲，這是個由大自然孕育有山有水，純樸美善心胸的好所在。

而在我擔任坪林鄉長任內，我建立一個新的慣例——我照顧坪林，不只照顧到居住在坪林的鄉親，以及關心來坪林觀光或參訪的民眾，並且把關懷的觸角，擴展到所有在外地的坪林人。

畢竟，我再怎麼想要振興坪林經濟，坪林終究是個位在山林裡的偏鄉，因此每年我們這裡出生長大的年輕人，有很大比例的人要往外發展，有的是平日住公司宿舍，假日返回坪林老家；有的則直接常駐外縣市大都會，但戶籍仍在坪林。

我總想著，這些人不論是北漂或南移的遊子，或者為了生計不得不離開他的故鄉，終究都是和我有同樣在地回憶的同鄉人，只要我有能力的地方。我也願意多多照顧。

　　在我任內首創，建立了「坪林同鄉會」。

　　除了透過這樣的組織，凝聚居住外地的坪林人在一起，可以讓同鄉感情不因時間與距離而變淡。並且以實務面來說，可以讓這些原本零散分居各地的坪林人，成為一種故鄉與外地的連結，因為有了同鄉會這樣的平台，他們除了彼此可以交流，例如住在板橋的A，可以因此跟住在台北松山的B建立商業合作等。更重要的是，他們也因此可以回饋給故鄉，好比傳遞新時代的觀念、都會區的新流行，以及導入外地資源回坪林。例如也有坪林的青農返鄉，把在都市學習的文創風，引進坪林老家等等。

　　我大部分的施政、初衷都跟名利無關，也沒有太多的商業考量。當初就純粹想要關懷我們坪林出身的人。當你的誠心帶來具體成果後，自然會產生後續的影響力。

　　當時我的做法，除了平常透過同鄉會幹部及聯絡人等，常態跟居住外地的坪林人保持關懷聯繫外，我也真正安排相見歡見面會。特別是對遊子來說，過年過節時刻，是最思念家鄉的時候，我也因此選在即將過年前，固定會舉辦坪林同鄉會圍爐活動。

事先我們都已建置好通訊名單，以大台北地區來說，就分成四個同鄉會服務範圍，包括新北市的新店、板橋、汐止以及北市松山。

　　不管過年前夕，鄉公所事務有多繁忙，我一定會撥出時間，親自去參加這些同鄉會圍爐，並且盡可能與每個在外地的坪林人見面。

　　我相信那種溫暖感覺，不是任何金錢或物資可以取代的。試想，今天你可能定居在台北市經營一家小企業，坪林就是假日回老家探望父母偶爾才會去的地方，一個人離鄉背井，雖然台北市離坪林很近，但久不回家故鄉，終成為陌生的遠方，心中難免空虛。如今你看到原來有那麼多同鄉，都在你身邊，你再也不孤單了，做生意時，跟坪林人聯絡也比較安心，也許他的爸媽叔伯算起來還跟你的宗族有關連，彼此不聊則已，一聊發現原來也算親戚，心中倍感溫暖親切。

　　當鄉民發現竟然連鄉長都願意親自出席，或許還跟你舉杯敬酒。談著談著有時也常見流下男兒淚的情況。

　　想想看這樣的你，是不是因此跟坪林不再感到疏遠，建立了更深厚的連結。

　　故鄉情是永不可取代的，當一個人懂得不忘本，他的做人做事將更加扎實。

在我任內，年年都舉辦坪林同鄉會。當時建立的坪林人故鄉連結，持續久久遠遠。

☀人生變身方程式☀

✓ 每個人都要有自己的見解，但也要懂得包容其他人不同的見解。當做人做事可以不偏頗，不囿於黨派私見，就可以成為有格局的人。

✓ 別想討好所有的人，只要你認為對的事，勇敢去做。
你必須經過時間考驗，經歷過許多的反對聲浪。
當你終於堅持達成你的目標，你也將寫下無怨無悔人生。

✓ 建立感情的連結，當心中有感動，感受到來自故鄉真情的關懷，那將會是種穩固強大的凝聚力。

Lesson6
施政者與神鬼之事

子曰：「務民之義，敬鬼神而遠之，可謂知矣。」

直到今天，科學的發展已經研究到量子的境界，但到了量子後，就很難有所突破了。因為量子本身就是一種「不確定」的狀態，甚至可以說就是處在科學與玄學的交會點。當談到意識、意念、乃至於靈魂，這些屬於非科學領域的事務，但難道只因人們不明其原理，就代表必須被視為迷信或怪力亂神嗎？

所以就連孔子也說要教導人民，「敬」鬼神，雖然那背後的力量可能是人類智慧尚無法理解的。可是幾千年來，人們經過了改朝換代以及各種科技發展，卻經常需要依靠神明的指引。神明是否靈驗？不是我們現今科學可以到達的理解境界，但是敬鬼神以及其帶來的人民心中安定力量，乃至於神明千百年來，對社會秩序維護的貢獻，卻是不可否認。

所以即便貴為總統或政府高官，個個都是台大或是美國名校畢業，卻依然會在媒體面前，走進宮廟參拜。這也正是表示政府不會高高在上，也信服信仰的力量。

在我擔任坪林鄉長任內，也有許多與神明相關的故事與建樹。

並且對神明的敬拜，也是我終生的信仰，這已非關宗教，而是植基於一種追求良善的心願。

✱ 坪林三尊佛像背後的神蹟

每次跟朋友介紹我們坪林鄉，除了一定會介紹到的茶葉，以及環境保育聖地外，我一定會提到的，就是坪林三尊佛像。

很榮幸地，這三尊佛像都成就於我就任鄉長期間。

依照時間的安座順序，民國90年茶郊媽祖，92年觀世音菩薩，94年地藏王菩薩。

在講究科學實證的現代人眼中，也許身為地方父母官的鄉長，要談宮廟與地方興旺之連結，會被認為是否太迷信了？但就事論事，事實就是，的確這三尊佛像的興建以及長期被奉祀參拜，帶給坪林在地國泰民安、居民安樂、人心安定。

三尊佛像的建立背後，都是有故事的。

✱ 觀世音菩薩成就地方和諧

認識我的人都知道，我做事穩紮穩打，不喜誇張矯飾，因此我這裡要敘說關於佛像的故事，也都是我親身經歷。

民國90年，那時我還在第一任鄉長任內。每天我內心都在期盼，可以不辜負鄉民所託，能夠為民謀福，這其中包

括具體的施政，但從小生長在傳統農家的我，心裡也有種聲音，總是祈求上天保佑坪林安定繁榮。

那時坪林茶業博物館已經開幕四年，也是坪林在地重要的人工觀光景點和文化寶地，身為鄉長，我也經常去博物館造訪，但不僅僅是因為博物館本身，而是思考博物館與周邊的大自然如何融入的問題。

那時我就站在博物館看著周邊的山頭，我本身不是鑽研命理玄學，但我每次看著這些山，內心總覺得有種缺憾。到底缺什麼呢？我也說不出個所以然來。

就在那天，有位神祕的老人，之所以會說神秘，因為我和那位老先生是巧遇，他跟我講完話後，之後就不知去向，日後也再沒看過他。

那老人跟我說，這個山裡有個涼亭，看起來像個「口」字，像是要吃下這地方般，對坪林並非好事。他說這話讓我聽了相當緊張，忙問他這該怎麼辦？他說如果在那裡安置一尊神像，就可以庇佑這個坪林的開口。

至於該供奉哪個神祇？他說不論是土地公或觀世音都好，前者主財，後者則帶來地方和諧。

真的就是那麼巧，這件事過後沒幾天，我以鄉長身分去五股參加台北縣（現為新北市）的好人好事表揚活動，認識了當時的台北縣慈善會理事長林楚卿，也牽起了蓋廟塑神明

像之緣。在那天之前，我跟林楚卿是完全不相識的，就因同在一個場合，才有了交流寒暄，林楚卿當時本著慈善之心，跟我聊起了坪林，我就跟他聊起有人建議在山頭蓋廟的事。當天林先生就跟我說，他對這件事有興趣，找一天可來坪林看看。

大約一星期後，林楚卿果真來一趟坪林，我親自帶他去坪林茶業博物館，一起探勘坪林國中後山。

林楚卿是做事很果斷的人，當下就告訴我，他決定捐贈一尊觀世音佛像，建在這個山頭。

這件事不僅僅如此，其實坪林國中後山雖位在坪林鄉境內，但不代表是本鄉的公有土地，而是屬於國有林地，管轄單位是林務局。一般來說，若碰到土地問題，往往也是不容易處理的，可能需奔波討論經年累月。但很神奇的，當公所向林務局提出撥用申請，羅東林管處的處長連續親自來勘查那塊地，當下團隊決定，可以把那塊地撥給坪林鄉使用，總面積約一公頃。

總之，兩個月前都還沒有任何頭緒的這塊林地，短短一、兩個月內，包括興建神像以及相關資金，乃至於土地所有權都有了方向，可以開始規畫興建，要說神蹟，也真的有其難以解釋的部分。

我常跟朋友們說，這件事如果發生在今天，可能光土地使用就要申請很久，但那時卻那麼快就定案。之後施工也完全沒發生任何狀況，感恩林楚卿的善行捐助一尊高40尺的菩薩銅像，公所設置觀音台座，再立上菩薩像，於民國92年12月順利完成，感謝黃清江地上物的無償提供，及善心大眾捐款協助。

　　我總是感恩冥冥中菩薩帶來的保佑。而當人們問我這樣會不會太迷信？我總反問他，**如果所謂迷信最終帶來的是地方福祉，那是不是迷信，這重要嗎？**

　　我本身是勤學的人，也修習過碩士學位，從事營造工程，也需結合現代科技。但這無礙於我心中對神明的信仰。並且我也相信，一個人若心中總是有神，不論是東方的佛教道教神祇，或西方的基督天主都好，只要不太執著於儀式而誤了生活節奏，心中存善總是好的。

　　俗話說「心誠則靈」，多數人總觀注在神明「靈不靈」，卻不去問自己「誠不誠」？

　　我想這也是如今社會上很多亂象的根源。

✱ 地藏王菩薩化解北宜公路凶險

再來談我擔任鄉長時跟地藏王菩薩的因緣。

這裡要感恩的是新店地區的陳代表，以及位在新店的妙法寺，共同捐贈。雖然興建的位址是在公路旁，但以轄區來看是屬於坪林鄉，也屬於坪林鄉列管，因此受贈單位就是坪林鄉公所。

地藏王菩薩像，位在台9線，也就是北宜公路那一段。它的另一個令人聞之色變的號稱叫做「九彎十八拐」，因為這正是一個高風險道路的代稱，在當年是名列台灣最常出事的道路。偏偏那裡又是由西台灣通往宜花東的唯二道路（另一條是濱海公路，比較平緩安全，但卻需繞遠路才到得了東部）。

而坪林鄉正是北宜公路的一個重要停駐站，發生車禍的地點也經常是在坪林鄉境內。

以科學角度來說，車禍原因自然跟道路彎曲，帶給駕駛的疲勞感，以及用路人自身的開車或騎車技術有關。但如同前節所述，除了公路本身工程規畫外，人們心中依然祈念著神佛來護佑。

所以我擔任鄉長後，就在關注是否在這條危險的公路旁，可以安尊菩薩，因為重點是在超度指引亡魂，因此會希望設立的是地藏王菩薩像。

　　但這不是件容易的事。重點就在於土地。相對於坪林國中後山的觀世音菩薩像當時快速得到林務局准許撥給土地，現在在台9線旁也可以如此順利嗎？曾看過五、六處合適的路口，也就是位在轉彎處較常出事地方，當地的地主都不同意，畢竟地藏王跟鬼老大有關，民間自然有顧忌。

　　最終設立的地點，不得不又跟讀者提到怪力亂神了。正式地點其實是「地藏王」所指定，具體的託夢以及如何輾轉告知的過程，在此就不詳述，總之我們依「指示」去到那個地點，然後神奇的事就發生了。

　　當我們去探勘那塊地時，找來了林務局以及公路局，結果雙方都認為這塊地是屬於對方的，竟然是所謂的「三不管地帶」。無論如何，既然林務局和公路局都沒意見，鄉公所這邊就可以來施工了。

　　直到後來，林務局查資料查到原來土地是他們的，這時候我們已經在施工了，對方也不方便拒絕，後來就採取承租方式。總之，工程也依照進度完成，並於94年9月立了地藏王菩薩像。也的確這些年來，北宜公路較少發生車禍了！如果以科學邏輯來說，當然可以說那是因為雪山隧道開通了，

所以走北宜公路的車自然變少了，但我們相信冥冥中，神佛的庇佑，以及幫忙為亡魂超度還是真有其事。

而說起神蹟，同樣是興建工程。就位在地藏王菩薩像距離大約100公尺處，鄉公所這邊本來要設立一個石雕茶壺，作為坪林鄉形象代表，也讓路過的人知道這裡是坪林鄉。但光那個土地取得，花了大半年都還搞不定，當然後來還是完工了！

相對於地藏王菩薩興建的順利，我想這背後還是有神蹟的。

其實在興建地藏王菩薩像前，甚至往前追溯到，早在日據時代就已經興建的北宜公路，這幾十年下來，的確也累積了許多輪下亡魂。民間有關什麼抓交替之類的故事也很多，姑且不論是不是以訛傳訛的謠言，以結果來說，已經帶給民眾心中的恐懼。所謂心病還需心藥醫，因此宗教相關的心靈安撫還是必要的。

因此在我擔任鄉長期間，我就辦過三場大型的水陸法會，這法會不只關注在公路，而是針對整個坪林鄉，這裡雖是有山有水的美境，但也因為許多人來造訪大自然，而水火無情，每年夏天玩水不幸溺水的人也很多。因此任內，舉辦了這三次水陸法會，而到我卸任鄉長後，我後來又透過文化協會，舉辦了第四次大型水陸法會。

也必須說，數據會說話，那些年後，真的不論是溺水或車禍事故都比較少發生了。

　　有人問過我，如果我不是擔任坪林鄉長，好比說我擔任的是台北市某區的區長，那我還會舉辦宗教形態的法會嗎？

　　這個問題的答案依然要回歸牧民者的心態，一個真心愛民的人，有任何可以帶給福祉的可能，都應該願意去投入。就算只是精神層面影響，不論是不是迷信，如果評估這儀式可以帶給居民「安心」，就好比醫學上，也不否認有時醫生開給病人的藥根本就只是安慰劑，重點是有效就好，那就去做。

　　所以包括總統及行政院長，甚至包括原本個人信仰是基督教的首長，只要為人民好，他也願意去廟裡參拜或者允許地方舉辦法會。

　　所以無關我擔任坪林鄉長，或者擔任大都會區長的問題，只要在地民眾有需要，也依然會需要精神方面的安撫。

　　總之，為政者，一切以「民」為依歸。

　　真正愛民（而非想透過職位撈油水）的長官，就是好的長官。

＊茶香媽祖帶動觀光文化

談起茶與媽祖，這二者有什麼關聯呢？

難道是指拜拜時用得獎名茶當作祭拜獻禮嗎？

其實在我們坪林鄉，茶還真的跟媽祖有所關聯，具體來說，第一屆坪林包種茶節，訂在民國90年的6月，也正是坪林鄉迎來媽祖分靈的重要日子。

如今在坪林茶業博物館旁的生態公園裡，供奉著茶郊媽祖，緣自我擔任鄉長時期，經常去各村做視察，有一回老村長跟我反應，這個公園可以有個媽祖護佑應該很好。我當下也認同，但當時因緣分未到，我只把它放在心上，並未馬上付諸行動。

就在隔年，我參加了台北市茶商公會的活動，知曉公會長年供養著茶郊媽祖，追溯源頭，早在清末時期就已有這種傳統，在當年也已超過百年。

原來台灣產茶的歷史很早，在1865年就已經在進行兩岸貿易，那個時代所謂「郊」，指的就是「郊行」，相當於現代說的進出貿易商公會或協會的意思。而兩岸貿易就是透過郊商來進行。

茶郊就是早年的茶業公會，由於貿易都要透過海運，以那時的航運技術來說，航海自然是充滿風險，因此郊商長年祭祀媽祖，保佑航海貿易平安，所祭祀的就是茶郊媽祖。

我去參加茶商公會活動，那時茶郊媽祖奉祀在台北市甘谷街，我去祭拜請示後，得聖意可以分靈來坪林，均與地方取得共識。

就這樣迎來茶郊媽祖來到坪林，常駐生態公園。

也特別選定那一天，也就是國曆6月4日，訂為坪林包種茶節，寓意在我們開始有茶郊媽祖可以庇佑在地茶產業。

從那年開始，坪林每年舉辦的「包種茶節」，為感恩茶郊媽祖德澤，每年包種茶節，都盛大召集鄉親組隊迎請茶郊媽祖回娘家，讓國人更認識坪林茶產業，包種茶的知名度更開闊，與茶商公會長期交流，也帶給坪林茶農長期的商機。

在我任內的時候，媽祖回鑾的慶典都辦得很盛大，甚至我還結合了這樣的慶典活動培育在地人才，組織鄉民成立舞龍舞獅隊、合唱團以及各類社區型表演團體等等，這樣做法可以一舉兩得，既讓鄉公所節省經費，又讓更多鄉民可以深入參與節慶，也更感受到媽祖的德澤。

可惜我卸任後，繼任者就沒有延續這樣的傳統。

目前茶郊媽祖分靈長期供奉在茶博館後面的宮廟，那裡

有個思源台，所有管理事項，都是由地方鄉民自動自發，以志工形式做服務。

在我任內時，坪林鄉公所每年的茶郊媽祖慶典、地藏菩薩法會，以及觀音出家、成道、聖誕等等有紀念性的日子，都會舉辦活動。

在我卸任鄉長後，因為發現繼任者沒有意願繼續辦理有文化意義的活動，於是過了些年我成立了文化協會，以民間的角色，讓這些文化傳承可以延續。

我擔任了兩屆共六年的理事長，之後交接給新人。

其實在文化協會尚未成立前，卸任鄉長的我，就以普通鄉民的身分在坪林勘查，那時我看到原本通往宮廟的路徑，因為沒人管理，已經雜草叢生，這讓我看了相當難過。

我也曾主動致電1999跟台北縣政府反應，可能因為自己只是個基層民眾，所以政府高層也不關心這事。這樣前前後後也經歷了好幾年，直到我覺得，不行，政府不重視，那我自己來總可以吧！當然以一己之力沒辦法承擔那麼大的使命，並且三尊菩薩的精神也該讓更多人知道，能夠共同參予，所以才成立了文化協會。

那是我卸任鄉長後第八年的事，有了協會並邀區公所集合眾人一起共襄盛舉，可以常態性的做好三尊佛像周邊環境維護，及依循古禮舉行慶祝法會。

坪林的觀世音菩薩，也是分靈而來，源頭是林口的竹林禪寺。

地藏王菩薩像原本是一尊站在路邊的祭拜雕像，站在露天接受風吹雨淋，後來有地方善心人士捐款，蓋了小小的祭拜亭，但格局依然很小。直到我後來捐獻了18萬，親自督工，重新施造，才有了如今的地藏王菩薩廟規模。

在這樣的基礎上，地方人士也陸續來參與，例如有位中和賴先生經年不輟地來打理廟務，置換新鮮花朵以及供應香火，每隔兩年會為菩薩金身上漆。在之後這裡參拜的人越來越多，政府單位也開始重視起來，也設置了廁所涼亭，如今已成為台9線上重要的休憩點。

這些都是鬼神之事，但你說身為鄉長談迷信對嗎？

我要說，只要能夠為民帶來福祉，我們也不做勞民傷財之事，結果是好的，那為何不做呢？

我施政不計個人榮辱，民之所欲常在吾心。

或許坪林就是個離都市很遠的偏鄉，鄉民長年與山林為伍，尊敬大自然，也敬畏天地的力量。

能夠透過三尊菩薩來安定民心，坪林後來都是風調雨順，相較過去來比較，已經很少災厄，公路意外也大大減少。

神鬼之事，寧可信其有，人民的安心就是我的安心。

☀人生變身方程式☀

✓ 心誠則靈，當你一心想要為國為民謀福，你的善念會得到某種正向的感應，帶來好的發展。

✓ 為政者要時時刻刻心中有人民，不要把人民視為是自己治下的臣屬，而要時時刻刻記得你身負重民所託的使命。為政者不要高高在上，不要排斥民間的習俗，以為是落伍，如果對他們來說是很重要的精神力量，那為政者就要盡力去滿足人民的精神食糧。

✓ 信仰的故事雖不一定符合科學，但信仰的結果是絕對具備可以信服邏輯——那就是你讓民心安定。心安，諸事皆安。

Lesson7
雙贏的談判學

　　擔任鄉長，或者是任何地方首長，最重要的任務是什麼呢？

　　當然是為地方謀福利。

　　重點是，什麼叫福利？如果對某個族群帶來福利，卻損害另一群人利益，這樣真的是福利嗎？或者如果長期來看對鄉民有助益，但短期來看沒有什麼報償，甚至還造成一定損失，這樣還要做嗎？

　　地方首長為政哲學，在於必須兼顧大多數人的權益，既照顧到眼前民眾的需求，也要顧及長遠。而別忘了，地方首長，不只是一鄉一鎮的牧民之長，他也是整體地方自治的一環。如果某項政策對整個國家有利，但可能對在地的助益不多，那身為鄉長的你，該怎麼做呢？是一味地只爭取地方好處，阻擋國家施政，還是可以怎樣做到兩全其美？

　　如何評斷得失，以及拿捏爭取一件事情的分寸，是種智慧。

　　這種智慧，也適用在每個人生活或事業的各個領域，人人都需要懂談判學。

✲ 坪林交流道與基礎談判學

說起一件讓各級政府又愛又怕的事，那就是道路興建了。

大家都說造橋鋪路是件功德善行，但實務上，公路，特別是那種規模越大的路，是牽涉到許多正反多方意見，這裡不談比較黑暗面的利益糾葛。單就不同族群的福祉而言，就會發現有太多無法兩全其美的地方；你顧慮到經濟發展，可能就與環境保育理念衝突；你施展公權力要為民造路，卻不免傷害到原本私有土地農田的權益。

當設定道路從甲村經過，可以因此帶動甲村繁榮，卻也讓乙村更加沒落；若甲乙兩村都要照顧，那肯定超過政府預算，並且交通也比較沒效率。

無論設計怎樣的版本，都會有人得利、有人不滿。所以很多時候，一條道路或一條橋樑興建，拖延經年，通常不會是工程技術問題，而是「路權」遲遲無法談妥的因素。

提起坪林，最知名的一條路，自然是每逢假日就塞車的國道5號。

如今的坪林交流道，算是一個重要的道路管制站，在塞車時可以作為一個舒緩車流的替代轉換口，對開車族來說，可以中途下交流道休憩，並且我們也非常鼓勵人們，把坪林當成旅途景點，來此感受好山好水。

在我擔任鄉長時期，坪林交流道正在興建規畫期，身為坪林鄉長，我也經常參與相關會議，因為我有責任代表全體坪林人，為鄉民權益把關。

最早交通部的版本，只有坪林匝道中心，並沒有規畫坪林交流道。經過我的大力爭取，最終才有條件規畫出坪林交流道，也讓國道的開通，真正可以嘉惠到坪林鄉民。否則坪林永遠只是「道路經過的地方」，長此以往，真的會導致坪林逐漸沒落。

這中間重要的轉折點就是「談判」。

其實坪林鄉，只是地方基層的單位，鄉長難以跟中央部會官員或縣市長等級被等量齊觀。若靠民主表決或者比拚聲量，坪林鄉肯定落居下風。

我後來如何掌握主導權呢？

答案就是**要善用資源，若沒有資源就去創造資源。**

為了爭取談判優勢，當時我就掌握到兩個切入點。

1.找到對方把柄：

我們有注意到，道路施工的過程會有許多的狀況，例如廢土該如何處理？就是一大問題。一方面我也關心高公局（交通部高速公路局）怎麼處理廢土？另一方面，坪林是個環境保育典範鄉鎮，我本來就有責任照顧地方。因此我們日夜都有派人監督道路工程。

果然被我們目睹，施工單位施裝了暗管，將廢水排入我們的溪流，並且他們是趁夜排放，以為神不知鬼不覺，卻被我們發現了。

其實這事可大可小，畢竟工程單位後來知道自己這樣不對，也承諾會改善，重點是坪林鄉這邊因此掌握了一個把柄。當然講把柄聽來很負面好像在威脅他方似的，但我的立場只是想要爭取讓坪林鄉可以說話的機會。

2.掌握談判利基：

當我們積極找到關鍵掌握在手上的「談判利基」，並且也的確發現兩大優勢：那就是坪林的土地權以及供電權。有了這個就可以當成談判籌碼。

再次強調，我們只是想在一個原本就不公平的場合（相對於中央的力量，坪林鄉可說是人微言輕），替自己爭取到可以被重視的機會。

只有當資源足夠，籌碼足夠，在談判桌上才有相對應的話語權。

後來公路興建，果然如我所規畫的，朝對坪林鄉有利的一面發展。

這裡我要鼓勵年輕人，或者在職場不同崗位上服務的人。

權力必須靠自己爭取，這裡不是要你去霸凌別人，或者老是與人爭名奪利，但該保護自己的地方還是要保護，畢竟你不僅代表你自己，也代表你必須守護的家人。所以屬於自己權益不要害羞，但也要懂得「合理」的爭取。

如同本節分享的兩個關鍵方法。

1.擁有專業：

你要專業到可「看穿對方的把戲」：或者抓出對方的漏洞。而專業有賴你平常的用心學習，如果你平常只是得過且過，自己的工作都做得零零落落的，更遑論了解公司其他人的工作屬性，那樣當碰到事情，你總是這也不懂那也不會，被當做談判弱勢，各方利益折衝時，你總是被當成犧牲品，那也是個人咎由自取。

2.知己知彼：

《孫子兵法》名言：「知己知彼，百戰不殆」，不論是跟老闆談加薪，或者代表公司去跟供應商殺價，你都要有足夠的判斷力以及知識力。舉例來說，你跟老闆談加薪，至少你心中要很清楚，你有什麼價值？好比你是全公司業績最強的，或是你掌握了某個重量級客戶，這樣才有談判籌碼。或者跟供應商談判，你清楚知道對方的痛點，例如對方一直擔心幾個客戶聯合起來抵制他們，當你能掌握資訊，你就掌握籌碼。

掌握以上兩個因素，後續談判就可以勝券在握。

＊ 爭取到坪林鄉的福利

談判有幾項忌諱，我整理出以下三點。

1.不能得理不饒人：

懂得適當的見好就收，留給對方一點餘地，好讓對方有辦法「回饋於你」。如果只懂得窮追猛打，等到害對方完全不能招架，退無可退，最後選擇「魚死網破，兩敗俱傷」，那就失去談判的本意。記住，談判不是比賽，不是要你爭取冠軍，是要你爭取自己的權益。

2.要懂得分際：

你要知道自己的能耐，明明只是個小池塘，你卻死命去爭取一艘大船，那你的池塘根本擺不下，這樣的談判是無用的談判。

3.設定停損點：

有時候我們已經自知是弱勢，我們本來就沒有要求全拿，我們只想爭取到「以現況來說」的最佳條件，如果不知道自己的底線，一看對方讓步，你就持續步步進逼，最終對方惱火，決定什麼都不給了，整個談判又是一場空。

首先，我們抓到了高公局排放廢水的事實，這讓我們有籌碼，可以跟高公局抗爭，也就是形塑一種「抗爭有理」的氛圍。

但是，我們的重點當然不是要給「高公局難看」，談判的主力還是爭取高速公路交流道，造福坪林鄉民。然而有了廢水事件做切入點，我們可以進行下一步。當時我們就掌握到，國道5號有個關鍵資源，掌握在坪林鄉，原來那時準備開通雪山隧道，施工需要什麼？需要大量的電力，早些年台電也在坪林鄉這邊蓋了變電所。

現在分析情況，變電所位在坪林鄉，但其所有權屬於中央，我們無法施力。但是徒有變電所沒用啊！要有電塔以及電線，那就跟坪林鄉有關了。因為電路都要經過坪林鄉的土地，當時至少有兩個電塔所有權是鄉公所的。於是就大聲抗議高公局排放廢水汙染坪林水源，為此我們決定抗爭，不准電塔使用。

電塔不能用，結果道路就無法施工，這就抓到對方軟肋了，於是中央必須和我們談判。

掌握了重要籌碼，並且是高公局有錯在先，我們提出了合理，也就是對方可以做到的要求。我們無法完全爭取到對坪林最優的方案，因為最佳方案自然是把坪林變成國道5號的重點大站，但也知道這茲事體大，因此只要求放寬坪林匝道

的規格，讓坪林可以成為一個道路出口，而非原先設定的只是個特殊管制站，也就是平日不開放上下通行，只作為特殊需求如救災時進出。

雖然只爭取到比原先提案多一點空間，但對坪林幫助很大，接著我們附帶爭取到兩個福利；一是爭取坪林街道電纜線地下化，另一個是更好的土地徵收條件。

這兩點後來都爭取到了，其帶給坪林鄉民的福祉很大。至今我們到坪林走逛，不太會看到有礙觀瞻的電線桿，電纜的地下化也讓坪林用電比較安心（不用擔心風吹日曬破壞電線），當然這無法做到全面，我們爭取到的是坪林市區街道以及金瓜寮社區。此外，更合理的土地徵收，也就是我替鄉民爭取到更好的福祉。

這些福祉的爭取，完全不是為了個人名位，畢竟我也服務兩個任期，即將卸任，但對坪林帶來長遠的正向影響。

其實這也是我們談判要學習的一個重點——資源切割。

假定我們談判談的是全拿或全輸，那樣的話談判會很硬。的確有的談判就只能全拿或全輸，無法分割。例如爭取大工程標案，可能就只有一個勝方，其他落選者就只能黯然離場。但這世間大部分談判，其實都是可以分割的，好比跟老闆談加薪這件事，可以切成「一次加」、「分階段加」、「提升底薪」、「增加抽成比」甚至可能老闆不給你加薪，

但改成其他條件，例如把你調到更好的單位等等，如果談判前只死守著一個條件，一旦被拒絕，你就沒有其他退路，這是最糟的談判。

以當時我們的談判來說，我就很清楚，對坪林鄉有好處的選擇，可以有哪些？心中有個底，最好的情況，自然是心中想要的ABCDE都爭取到，若無法面面俱到，則至少可以拿到AB或CD等等，甚至也可能A只拿到一半，CD各取得部分等等。總之，談判前自己心中有個底，提供更多選項可能，這樣談判完後，再怎樣也不會空手而回。

＊真正了解談判的目的

最後，關於談判，我們也要懂得跳脫「零和遊戲」思維，甚至也不要把對方當成敵人，而是想成要完成一件事，有不同的做法的概念，而不是對方就是要打倒你的概念。

有些時候，當你願意站在更宏觀格局想事情，也可能大幅調整自己的做法，包括當你知道原來對方的做法，以長遠來說，其實對我方也不錯，那時候你何必就一定要和對方爭個你死我活呢？當你明知道對方也是為你好，卻能毫不退讓的抗爭，那就變成意氣之爭，而不是真正想解決問題。

很多不歡而散的談判，源自於雙方根本立場南轅北轍，並且各自有嚴重的預設立場，完全不願站在對方角度去想事情。

　　其實我們談判前都該有個基本認知，許多人談判搞不清狀況，一種狀況是搞不清對方的角色，一個是不清楚對方的動機與立場。

　　例如對方只是個事務員，根本沒決策權，只是奉命行事，你跟他談判再怎麼費盡唇舌，也只是浪費時間。或者根本摸不清楚對方為何要做某個決定，只是一味地反對，只會讓對方覺得你無理取鬧，甚至不想再跟你談。

　　以高公局當初為何決定開通高速公路，不在坪林設交流道，背後自然是可以提出一個可以振振有詞的道理，若不能針對重點攻破，只會大聲抗議，那是無效甚至被認為是可笑的。

　　高公局的理由，不設交流道下坪林，因為會帶給坪林汙染。

　　但我們抗辯的切入點，如果怕汙染，那就乾脆都不要經過這裡，因為光經過就會造成汙染。

　　他們說法有理，我們的說法也一樣站得住腳。當雙方僵持時，我提出一個殺手鐧——訴諸民意。

你們說怕汙染，因為擔心有損坪林人福祉嘛！那我也主張我的意見是想提升坪林人福祉。那怎麼判定誰對誰錯？辦法也相當簡單，我們決定辦理公投。

因此，坪林鄉是台灣有《公投法》以來，第一個實施公投的鄉鎮。

我們實施公投，是依照台灣的法律，因此我們既於法有據，並且還因為是第一個舉辦公投鄉鎮，贏得媒體的青睞。讓這件事變成全國關注焦點。這也帶給談判另一方的壓力。

以結果來說，坪林人的公投，當然百分百都希望交流道進到坪林來，這場公投後來也導致環保署長下台。當然這不是我們本意，坪林人就是要爭取我們該有的權益。

後來交通部通過差異性環境評估，開通坪林交流道，但是有條件開放，限制每天只能4,000輛次。

事實上，以通車到目前的狀況來說，從來不需要擔心超過四千輛的問題(純指外地來車，不包含本地人自己的車)，所以既可以讓坪林人交通更方便，也不會造成什麼車流問題。此外，從96年通車至今，年年檢測，也從來沒發生什麼水質汙染問題，足見水源區汙水處理及坪林人對水源維護發揮最高水準，可見當時官方評估有誤。

如果當年坪林人完全不表達意見，只坐等上級各單位任意規畫安排，那我敢說，坪林就沒有今天的局面，不誇張地說，坪林會變成人口驟減的偏鄉。

而在我任內，勇敢去爭取坪林人的福祉，並在我帶領下，讓地方民意可以發聲。

那回公投特別令我感動，幾乎在地有投票權的人，都出來投下神聖一票，也讓坪林的聲音被聽見，讓坪林從原本一個車輛「路過」的偏鄉，變成一個觀光客願意來造訪的旅遊景點。這樣的轉變，也改變了整個坪林鄉的定位，包括地方商業型態轉型提升，以及服務素質自我加強，都是因此而來。

自此坪林鄉正式成為大台北地區一個最美麗的後花園。

那次關鍵的談判，是坪林人為自己寫下未來的命運。

我要衷心為坪林人喝采！

☀人生變身方程式☀

✓ 什麼資源都沒有的人，無法坐上談判桌。
資源有的是天生擁有，有的是後天自己去挖掘。
有人明明有資源卻不懂得運用。
有人明明處在劣勢卻能開挖資源反敗為勝。

✓ 談判勿要意氣用事，有時候少輸為贏，有時候就算拿到一點點，
遠比什麼都沒有好。重點是你盡力了，你完全了解狀況，就算是
一場不可能贏的對局，你也贏得有尊嚴。

✓ 談判一定要「名正言順」，如果你擁有高超的談判技巧，但自己
的立論卻站不住腳，也無法抓住最終的目的，是為民還是為己，
那樣的談判對雙方都是種折磨，真理愈辯愈明，沒有站在對的位
置，就沒有真理，就別想有好的終局。

秋之收

活 水 篇

秋天，是收成的季節
如果曾經努力、曾經打拚，你將擁有滿滿的豐收果實
當年的付出也許不計報償，但時間將證明你的價值
生命的豐碩，來自於你人生的積極奮鬥

本篇記錄了
我擔任坪林鄉長及獅子會總監的種種創意作為，
就算要助人，也可採用更有效率的做法
不論是施政或者行善，多費點心，就可以帶來更大迴響
我很榮耀地說，我在任何職位，都能夠立下建樹。

你將發現
腦子越用越活，時常動腦思考如何創建新格局的人
面對任何事都可以很靈活
活水人生由自己開創。

年輕人！快樂地擁抱這個世界吧！
秋天是怡然自得，豐收幸福成果的季節！

Lesson8
別具巧思的行銷學

政通人和是種智慧，對於不論是地方首長或是企業經營者，這絕不是件容易的事。

首先「政通」就不容易，因為永遠會有新的挑戰與狀況出現，絕對沒有真正太平的一天，或者有人選擇視而不見，將爛攤子留給下任，有人選擇做表面工夫，不管是否「金玉其外，敗絮其中」，反正撐過任期就好。但長期下來能夠心安嗎？

「人和」就更不容易了，因為任何時刻，都很難看到大家意見一致，就算是同一黨派同一陣營的人，也或多或少會針對某些觀點，有意見相左的時候。做為最高長官，你不能偏袒任一方，卻也無法事事皆好，又該怎樣拿捏分寸？

無論擔任坪林鄉長或是獅子會總監，都是一種領導力的考驗。

我為自己設下的標準——不是要「撐過」任何考驗，而是要追求最圓滿的結局。我相信「創造多贏」絕對是可以做到的。

往往越是艱難的考題，越能刺激新的思維，很多創意往往就因而誕生。

＊鄉長就是頂尖銷售員

身為鄉長不只要當愛民如子的大家長，還須肩負一個最大任務，就好比身為一個企業之長，一定同時也兼任公司的業務主責般。鄉長既是全鄉的CEO，也必須是Top 業務員。

我在擔任鄉長第一天開始，心中就有種使命，要把坪林「銷」出去。

這包含兩種層面，一是把坪林的產品銷出去，另一個是把坪林的形象對外宣傳。

其實就長遠來看，若能把坪林形象銷出去，就能同步做到以上兩件事。

怎樣拓展形象？關鍵就在於必須「走出去」！

由於長年以來，坪林就被定位為茶鄉，這是基本形象，我不需要更動，免得帶來大眾混淆。我的主力就必須讓坪林茶鄉形象更深入民間，並且希望不只是建立形象，更要帶來具體行動，也就是購買我們的產品。

怎麼做呢？傳統的做法，就只是年復一年，用有限預算，在一些刊物或政府平台刊登宣導訊息。但效果如何？很顯然地並沒有很大成效。

於是我上任後改變作法，首先我特別強調定位，從我任期開始，坪林鄉有了「包種茶文化節」，透過節慶，讓民眾更加能把茶，特別是包種茶跟坪林鄉連結在一起。

定位確認後，我就要把茶農帶出場。

是的，我的方法再也不是守株待兔，希望觀光客來參觀時「順便」買茶，而是希望我們的茶農可以「被看見」。

從我就任開始，常態性的在外縣市辦活動。對坪林人來說，一個最大的消費群，當然就是台北市以及新北市幾個較熱鬧的地方，所以我和幕僚團隊，積極研究，在哪些地點可以帶來品牌影響力？考量重點第一當然是人潮，第二則是採購關聯性，好比說台北西門町，雖然人潮多但青少年族不是主力綠茶消費族群。相對來說，我們後來選擇在新店家樂福，或者淡水捷運站，都是一方面有相當的人潮，但又可以有一定的駐留吸引力，例如會來家樂福的都是家庭式採買為主，也會有購物需求，淡水也是大台北近郊旅行的重鎮，且是交通終點站，可以匯聚人氣及買氣。

但在行銷的觀點上，我也不能把茶農定位成四處擺攤的零售商，畢竟他們主力還是栽種及製作優秀的茶葉品質，也不可能一年到頭去各地擺攤。我的行銷重點，還是加強形象，一是讓坪林鄉的茶名透過專題商展，讓民眾更加認識，一是讓茶農有機會可以發送名片。今天也許客人只買我的一

罐茶，但有了名片，喜歡我的茶後，就可以建立長遠的零售關係。

以效果來看，我也的確幫許多茶農建立了新的客戶圈，增進銷路。

其實我們的茶農，也不是都只會種茶，他們都具備新時代的商業知識，特別是第二代，很多也都有大學甚至研究所學歷。

但是個人的力量太弱，光靠自己的實力要行銷茶葉，必須投入很大的成本。此時若能由鄉長擔任銷售隊長，集合所有茶農的力量，讓行銷預算得到最大發揮，並且也可以藉由較大的團結力量，形塑整體的坪林包種茶印象。

這也是鄉長重要的職責——整合、凝聚以及領導。

在我任內帶領我們坪林茶農，去過許多地方，像是台北市信義計畫區，我們也曾租用購物中心，舉辦坪林包種茶節，打造買氣，也幫茶農建立長期的客戶銷售名單。

＊影響茶產業發展的博覽會

行銷跟業務是兩件事，但兩者有直接關聯。一般來說，行銷走在業務之前，也就是當建立了很好的行銷定位及行銷模式，後續的業務銷售就比較能水到渠成，如果行銷策略不

明，那業務只能各憑本事，以口才說服買方，那樣效果比較有限。

當初銷售坪林的包種茶，就是先取得好的形象定位。

以茶業博覽會來說，已被訂為台灣長期的重要觀光節慶活動之一，而建立起第一屆正確形象的主辦單位，就是我們坪林鄉。

我不但是爭取坪林鄉主辦第一屆活動的人，我也是首次成功將「茶葉」與「茶藝」結合有成的人。

如果不與茶藝結合，喝茶只是一種實用目的，主要是為了健康。但結合茶藝後，就可以長期形塑一種「生活風格」，於是購買坪林包種茶，不只是購買品種優良的茶，也等同買下一種生活品味，營造喝好茶可以舒緩身心，甚至跟提升心靈產生連結。所以，喝茶的氛圍是創造出來的，這就是行銷帶來的具體成效。

當然，當初坪林可以雀屏中選，靠的是基本實力。畢竟台灣產茶的鄉鎮非常多，甚至對外國人來說，聽到喝茶，往往聯想到的是阿里山而非坪林。但我們以行銷的角度，成功建立了一個打動評審團隊的提案，而以實力來說，坪林也確實有相當大的產量，並且還擁有茶業博物館。這正是我們可以提出茶葉加上茶藝的最佳據點，因為已構想出一個最貼切的執行場域。

除了行銷構想及提案的創意巧思外，提案要成功也必須政通人和，簡單來說，我治理坪林鄉能夠得到鄉民支持，得以在對外行銷時有足夠的民意基礎。並且我也懂得跟台北縣政府及中央單位打好關係，當年的台北縣政府也被我說服能夠認同以坪林鄉來爭取主辦。

　　活動主辦權爭取到了，但行銷才要開始。畢竟我們行銷對象是全國民眾，藉由活動，可以聚焦鎂光燈，而且各縣市政府，也會把這個活動在該縣做宣傳。

　　我們充分把握了這樣的機會，精心規畫的活動流程，後來成為歷屆參考的主力SOP，而當時也善用媒體，例如當有大人物來訪，知道媒體都會跟在一旁，我絕對會親自出馬，擔任最佳業務員跟大人物做簡報，當時的陳水扁總統跟呂秀蓮副總統都有在場聽我的簡報。

　　在行銷亮點上，我們也善於製造話題，知道民眾會好奇茶葉怎麼做出來的？因此設計了讓民眾參觀的製茶流程。然後當時還有一個噱頭，你知道1,000斤是什麼概念嗎？我們特別展出一個裝有1,000斤茶葉的茶粿，這也成為媒體報導的重點，吸引了很多觀光客想來一探究竟。

　　以茶業博覽會來說，雖然行銷的不只是坪林茶葉，而是全台各地的茶。但身為主辦單位，我們取得第一屆主辦權，也成功建立起「坪林為第一茶鄉」的印象。

其實透過當時主辦的活動，還帶來一個額外的效應——帶動政府跟民間對茶葉品質的重視。因為既然是博覽會，那就不是傳統的市集概念，博覽會很重視品質，如果在這樣場合賣的是有問題的茶，或是後續行銷、品管有問題，那政府會大大丟臉，也會遭受媒體集體攻訐。

因此茶業博覽會，後來帶動政府的茶葉檢驗規則更加嚴格，也興起民間的消費者食品安全要求。這刺激全國茶農要升級，不論採茶的農藥施用，或者製茶環境的改良，都逐漸形成風氣，當這樣的風氣成為主流，原本不想做提升的茶農也被迫要改善體質。

所以當年我規畫的第一屆活動，其影響非常深遠，甚至攸關整體台灣茶產業的整體發展方向。

而這一切都是植基於我想要做好坪林茶業的形象行銷。

最終也促進個別茶農的生意繁榮。

＊回復坪林文化之鄉美名

鄉長是個超級銷售員，但當然坪林鄉需要照顧的不只是茶農，我要關注的是所有坪林鄉民，並且要擦亮坪林鄉這個招牌。

其實歷年的鄉長，主要都是關注一般行政事務為主，較少著力在形象行銷。我當鄉長時期，是明確的透過行動，包

含封溪護魚以及推廣保育觀念，定位坪林是擁有環保之美的台北後花園，並且在茶葉方面，定位坪林不僅是大台北地區的茶鄉代表，並且也是台灣的茶業重鎮。

我曾做過多次實驗，透過不同場合跟不同產業的朋友聊天，問他們對坪林的印象是什麼？幾乎人人都可以很快說出坪林是茶鄉，這就表示我當時的定位十分成功。

坪林除了是茶鄉、環保之鄉，還可以有什麼特色呢？

在我任內我除了積極推廣傳統民間文化外，也認真去找回坪林的歷史，做了以下事宜。

1.撰寫第一本坪林鄉志：

有鑑於坪林沒有一本關於成長過程的經典史實，任內籌措經費，透過專業機構，蒐集本鄉成長軌跡，興衰起落，闡揚歷史文物，了解文化資源，蒐集保存政治經濟社會文化等相關史料，以供鄉親及各界參考研究。

2.重現三級古蹟虎字碑光采：

虎字碑豎立的年代，是在清朝同治年間，由當時閩浙總督左宗棠舉奏調任台灣任總兵，於草嶺古道、坪林跑馬古道，各立了一座虎字碑。

其中那座原本位在坪林的虎字碑，經過了多年的風吹雨淋，早已滄桑斑駁，後來雖然有被文建會公告為三級古蹟，

但並沒有什麼特別的維護，經年累月被淹沒在荒煙漫草中，後來碰到北宜公路開拓，整個虎字碑被移去國防部，甚至根本也被世人所遺忘。

我在任內積極主動找回原本位在坪林的虎字碑，如今該三級古蹟，已經被妥善保存在坪林鄉的茶業博物館裡面，也找回屬於坪林的文化之光。

我會選擇從文化以及保育層面著手，那是因為我了解坪林全鄉都是翡翠水庫集水區範圍，環境保育做得好，提供好水給大台北人飲用，本是我們的責任與功德，因此極力推廣，宣導配合政府維護水源政策，呈現高品味的坪林印象，才能創造更美好的未來。

而對坪林定位來說，我著力最深的，除了茶產業外，就是環境保育。我當時就有一個理想——把坪林打造成台灣第一個水源國家公園。一旦我的想法可以落實，那坪林整個定位將更加不凡，今天坪林也會有更不一樣的格局。

可惜國家公園的設立，是透過中央單位來作裁量權，我雖然曾經表達理念，但到目前為止，國家並沒有成立水源國家公園規畫。

希望本書的推出，可讓主政的有識之士看見，成立一個代表另類台灣地標的水源國家公園。

不論如何，透過正確定位，坪林的美麗環境及優質包種茶，形象已深入民間。

希望坪林的美善之名能永流傳。

☀人生變身方程式☀

✓ 領導者不只能帶領團隊走出一條路，也要擔任那個走在最前面的戰將，業務銷售是所有領導人不可推卸的重要使命，不論在商場或政治圈，行銷及業務都是領導人的必備專長。

✓ 行銷首重定位，你要讓人家可以識別你，才能期待他們長期來消費。這就是所謂品牌效應，對個人來說也就是建立個人IP。
一個可以先建立出正確形像的領導人，未來推動事業，就可以事半功倍。

✓ 抓住自身的特色，就不會只去羨慕別人，或盲目地跟著其他人走。流行是重要的，但流行可能也是短暫的。唯有抓住自己特色，針對該特色扎根，才能保有長久的影響力。

Lesson9
有智慧地行善

行善做公益是一輩子的志業，這無關本身收入多寡，能力有多少，就盡己所能地付出。

我自己除了長期對弱勢做捐獻救助外，最主要投入公益的方式，是加入社團，後來也成為社團領導人，因為唯有透過團體的力量，才能最有效率的助人。

早在我任職坪林鄉長時期，就因緣際會加入永和獅子會，只是擔任鄉長公務繁忙，當時出席率不算高，只能偶爾參與活動。直到民國95年卸任鄉長，那時就比較常態以獅友身分，響應會長的號召，上山下海做善行。之後經過循序漸進的歷練，實際擔任過獅子會各項職務，再藉由完整的資歷，於民國101年擔當會長重任。在會長任期結束後，我繼續在獅子會服務，107年當選副總監，109年至110年，則做到了國際獅子會300B2區總監。

許多人以為行善，只是「有錢出錢，有力出力」的概念，但其實行善也需要策略，能夠充分整合資源，讓愛心成果得到最大發揮，否則就會淪為表面工夫。本篇來分享我擔任會長時期的一些做法。

✳ 超前部署，取得前三名佳績

加入獅子會的機緣跟我參選坪林鄉長是相互連結的，那年是民國86年年底，我去登記參選鄉長，在登記處認識了那位台北縣政府派來的陳先生，當時他的職位是台北縣政府顧問，銜命來督導各鄉鎮的地方自治事宜。

在那樣的場合，我開始和陳先生互動，知道原來他也在民間獅子會做服務。他當下就邀請我入會，後來我就在民國87年正式加入獅子會。

其實以服務弱勢的角度來看，政府要做的事跟民間公益社團要做的事看似是一樣的，不過實際做法不同，心態也不一樣。

從政者是拿人民的納稅錢，制定一個由上而下的政策，公益植基於法令規範，並著眼於普及性的轄區內關懷照護，也因經費較充裕以及部門較多，可以分層，透過各單位做基層服務。

獅子會則完全是民間自動自發的社團，所有資金來自會員自己的付出，大部分會員也有自己的企業或專業事務忙碌，必須在百忙中撥出時間，用有限的經費，經過討論有選擇性的做出最有效率的行善。

簡單來說，獅子會要設法用小錢做到大服務，這就需要領導者的策略。

因此我們無法像政府社會局處單位可以長年投入人力經費，獅子會對於扶助弱勢的做法，主要有以下兩個重點。

1.救急不救窮：

最希望的是對弱勢者，在危急時拉他一把，但希望後續對方能夠自立自強。

2.要拋磚引玉：

獅子會的善名雖然廣為周知，畢竟依然人力非常有限，因此最希望的是當獅友做出關懷及捐贈後，其他善心人士知道了，也能接力參與。

無論是政府或民間社團，要助人首先還是需要經費。政府的經費來自於經過國會或議會審核通過的預算編列。民間社團的經費則主要來自於募款。

我從民國101年擔任獅子會會長任期內，以及民國109年擔任獅子會總監任期內，我在募款方面都有做到相當的成績。

那年我是擔任獅子會300B2區第19屆總監，就任三個月期間，我就募到了900個單位（一個單位代表1,000塊美金），到了年度結束達到1,025單位，也就是我募到了大概

台幣3,000萬。這個數字突破了300B2區的過往紀錄。

　　重點是，我才剛上任，在理論上都還在與各獅子會分會認識的階段，怎麼有本事，可以那麼快就募到那麼多錢呢？

　　答案是——超前部署。

　　許多時候，人們發現有急需了，才想四處張羅資源，這也對應了民間的一句俗語「平日不燒香，臨時抱佛腳」，急就章的結果，做事成效一定大打折扣。

　　而我的做法，早在我擔任副總監的時期，就廣結善緣。副總監任期有兩年，我有足夠時間可認識各分會的菁英。當時我就用心觀察，畢竟每個人個性不同，有人事業有成，但不見得喜歡透過捐款方式行善，有人則真的很樂意長期捐款耕植福田。

　　行善本來就是出於自願的行為，不能將自己的道德價值觀強加別人身上，因此我在兩年期間，特別去觀察哪些人會是願意捐款，並且我也確定他們是有能力做贊助的。

　　透過這樣的觀察基礎，在我上任總監後，自然可以找到適合的對象募款。

　　我們強調的，不用一個人捐很多，每個人都盡自己能力做可以負擔的捐款，所以我募資拜訪的對象很多，有超過600人捐款，平均起來，一個人大約捐助1,000美金，基本上對企業家來說都不是太大負擔。

重點在於我是已經建立前期的互動基礎，再來進行募款。

　　因此打造了當年全國第三名的募款績效。

　　所以年輕人，不論是你想要業務做出績效，或者想要執行的任務成果被彰顯，先不要去羨慕別人為何成績比你好？要問問自己先前做了多少準備工夫。例如一個業務高手，可能前面下了兩、三年蹲馬步的扎實苦工，或者有人做事左右逢源，人緣超好，那也都是之前有花工夫用心建立人脈。

　　任何人想要追求好的發展結果，那就請從「此時此刻」開始布局，一步一腳印，勿想要一步登天，上天終會看到你的努力。

＊打造普及行善的氛圍

　　行善這件事不該拿來比較的，行善也不應該拿來做大肆宣傳。

　　但如果可以帶來更好的結果，那不論「做比較」或者「做宣傳」都是好的。

　　舉例來說，也許有人認為捐款做善事或者探望孤兒院、安養院，若還特別要拍照登上媒體，或在自己企業官網宣傳，那是否太矯情？然而，如果因此有人看到這裡有個機構

需要幫忙，因此也願意共襄盛舉，那是不是一件好事？再以企業內部來說，若有員工看到老闆行善，更加認同這家公司，自己也立志將來要行善，那是不是一種正面教育？

所以我不認為默默行善就一定比較好，跟媒體拍照也不會比較矯情。事實上，正因為經常有媒體或企業發表自己的行善報導，最終會讓其他企業跟進，會覺得參與公益更符合優良企業形象。整體來說，可以提升社會正向風氣，這樣都是好的。

那麼行善可以比較嗎？難道行善也要比排名嗎？

同樣是那句話：只要可以引導到正向的結果，我都樂觀其成。

民國109年我就任國際獅子會300B2區總監，上任半年內就打造募款的紀錄，也拿到當時全國獅子會募款績效第三名。我是為了爭排名嗎？其實我背後有一個深意，說實話，我如果要募到更多款也是可以的，我是7月分上任，9月分那時，就已經募到約900個單位。

當時我的思維，刻意想讓自己成為刺激其他分區上進的領頭羊，因為我知道會加入獅子會的朋友，都是很有使命及榮譽感的人。當他們看到：「咦！那個300B2區，竟然已經募到將近1,000單位了，我們怎麼可以落後？」

接下來的具體效應就是，其他區的募款速度立馬加快，那些擔任總監的人都是社會優秀菁英，基本上財富地位都有了，他們想要再立功的項目就是公益慈善，而我就扮演刺激他們提高價碼的誘因角色。

　　某個層面來說，我就是在做策略性募款。首先，我基本功要做到，帶領我們的單位，打破過往18年的紀錄，再來我要放寬視野格局，不要將焦點只侷限在自己所負責的區，而是整體台灣獅子會的行善效益。因此我不去爭取要追求募款第一名的頭銜。但我衷心感到高興，看到其他各區也都急起直追，最終我「只」取得第三名，但當年全國獅子會的募款紀錄，再次創造新紀錄。

　　我在這裡也要很感榮幸的說，處在一個最美的寶島，透過最美善的社團行善。已經連續好幾年，台灣獅子會在全世界捐款救人都名列榜首。明明以人數來看，台灣獅友不是最多，我們的資源比起世界大國不多，但我們的愛心永遠滿滿的！有時候當你處在這樣的環境——人人都在思考怎樣可以幫助更多的人？永遠是我想捐的錢要比你多！而不是像外頭商場那樣，千方百計斤斤計較賺賠得失，處在人人都想付出的這個社團裡，我每天都感到人生非常幸福。

✱ 到57個分會拜碼頭

現代人或多或少都有參與行善，資金較充裕的朋友可能長期捐款，或加入大型志工團體，一般小資族或是學生，也可能透過簡單的「捐發票救救植物人」，或者捐血也是一種善的付出。

這裡想跟讀者討論的是——行善的心態。

中古時代，在西方有種錯誤觀念，以為不管過往做多少壞事，只要買張「贖罪券」就可以將過往惡行一筆勾銷。或者現今在東方，包括台灣也是，有人覺得自己有在廟裡捐香油錢，就可以繼續在商場上行不義之事，例如將商品偷工減料或者苛待員工。或是一般民眾，雖然經常拜拜以及做些小小的施予，內心卻想著這樣可以「積功德」。

行善雖是好事，但也必須說，如果心中存有雜念，那善意就大打折扣了。

我很尊敬我們的獅子會兄弟姊妹們，因為大家來做志工，真的是既出錢也出力，也不求名聲。畢竟，人們也不會特別去記每個付出的獅友名字。

但我也必須說，一樣米養百種人，同樣是獅友，一樣是行善，還是有些程度差別。的確有人比較想來掛個獅子會的頭銜，為自己的形象加分，但並不是真的很認真投入整體團隊的運作。

　　身為獅子會的領導人，不論是前期擔任會長或者後來擔任總監，都在領導上分寸必須拿捏好。因為獅友們都不是你的員工，大家都沒拿薪水，也不用聽你號令。因此一切獅子會事務推動，領導人要做到的就是「以德服人」。

　　而當團隊中，有人認真付出，有人卻只是蜻蜓點水般偶爾參加，沒法充分配合整體的工作調配。

　　身為領導人的我能怎麼做呢？不同於企業領導，獅子會的領導，真的只能透過正向理念的宣導，以及平日建立交情，而若對方還是無法配合，那也只能隨緣，畢竟至少他或多或少做些捐助。

　　當然最好的狀況，還是希望所屬團隊成員，都能一心一意共同加入年度計畫，共同打拚。那麼身為領導人可以怎麼做呢？

　　以我在民國109年擔任總監為例，做到一件歷任總監沒做到的事——我真的很深入基層。

　　就在我上任後，非常密集的，連續7、8、9三個月，我馬不停蹄的排出行程，把我們300B2區總共57個分會，統統

去拜訪過，並且我每個分會自掏腰包致贈1萬元社福金，重點自然不在金錢多寡，而在於我的心意能讓他們看到。

雖然我無法完全叫出所有分會共幾千人的獅友名字，但我可以保證，有認真地讓我自己被他們看見。我用心規畫，配合每個分會每月的例會，調整時間，真的做到了57個分會走透透。

在開會時我也絕不是像沾醬油般，讓自己現個身就好，每次參加分會的例會，我會認真做到以下兩件事。

1.上台傳達我的理念：

我會上台讓大家知道，預計今年想推動什麼活動？當我都這樣去拜碼頭，也把計劃與所有獅友分享，日後正式推展活動時，自然也會獲得比較多的響應。

2.深入了解每個分會：

我會透過與會長及該會獅友深入聊天，真正去了解每個分會的文化。因為每個分會領導風格不同，服務的主力也不同，有些主力在社區，有些喜歡辦大型活動，不同的風格，我都會去了解也去尊重。

我相信親自到第一線，與他們同席喝酒暢談，那種溫度是不一樣的，見面三分情，走遍57個分會，我也與大家感情更加拉近。我並且還親身做到，每個分會都親自布達重要命

令及年度計劃工作，對獅友來說，這種感覺截然不同，他們會更認同及願意支持你。

其實這樣的做法也適用在企業經營，所謂「走動式管理」，不是高高在上然後去各地「監督」，而是表明你願意去了解員工，也願意讓員工了解你。

人性是這樣的，經常是情感勝於理智，同樣的政策，如果他內心已經對你這個人較有好感，那就會很容易推動。

我也鼓勵現在已經擔任中高階主管，或者是基層主管，你要多多做到，讓對方看見你，並且你也親自去看見對方。相信你的任務交辦以及進度掌控，都會變得比較輕鬆。

☀人生變身方程式☀

✓ 不論是行善、推動政務或者生活，任何需要與人配合執行的任務，做好超前部署，包含人脈熟悉、真正去了解基層等等，都可以讓你後續做事更加順暢。

✓ 真正的行善，要看的是長遠的結果，不是計算善行有沒有被看見。如果有方法可以帶動整體的善念效應，那就算自己退居幕後，或者沒能搶得鎂光燈光采，也不用在意。

✓ 所有的領導都是一樣的，帶人要帶心，當你可以抓住對方的心，好比他覺得你願意主動來關心他，真的願意與民同歡，那他將來也會更支持你的政策。

Lesson10
用心且踏實的規畫善行活動

有時候人們會覺得梁金生這個人，好像很喜歡「自找麻煩」。明明一件事情，歷屆常態舉辦，都有制式的模式，把舊的紀錄找出來，一切照做就好，他卻偏偏要搞出新創意，把自己和團隊弄得很累，有時候還忙到人仰馬翻。

忙這麼多事，搞那些創意，又不是要賺大錢，這樣值得嗎？

答案是，絕對值得。至少對得起自己的良心。

經常有這樣的經驗，同樣的活動，我別出心裁，不照往例作法，採行全新（自然也就每個環節更辛苦）的做法。包括自己的團隊同仁，難免也會抱怨，幹嘛把大家搞得那麼累？

然而當忙碌結束，真正迎來活動登場，看到自己的成果，以及現場人人笑逐顏開的模樣。大家覺得這一切都值得了。

任何有這個能力及機緣，接受一個職位的人，都請把握上天所賦予你可以服務眾人的機會，好好去發揮，不要扮演一個老打安全牌，看起來四平八穩，日後回憶起來，卻讓人覺得模糊的領導人。

總是無愧於心，這是做人做事的基本道理。

＊行善是換位思考

我是一個在別人眼中，想法總是與眾不同的領導人。

我總想著兩個基本問題：第一，為什麼要做這件事？第二，有沒有比過往模式更好的做法？

所謂辦活動，特別是社團舉辦的活動，最有效率的做法，自然是舉辦單一場活動又能同時滿足各種年度規範事項，好比獅子會有訂定一個年度例行任務表，例如說每年要舉辦至少一場關懷弱勢、糖尿病照護、環境保育等等活動。

所謂「聰明的」的領導人，可能就來個五合一，一次活動既舉辦捐贈、又是關懷弱勢、還能兼具環保等等。

以結果來說，一次可以劃掉五項任務，成績上可以交差了。但這樣做有任何意義嗎？當初要加入獅子會，難道就是為了日後要做這類表面工夫嗎？

所以我總是愛當「沒效率」的人。

五種主題的活動，我就真的五場都分開舉辦，每場都投入很大的用心。我絕不模糊焦點，一次只做好一件事。

當然，跟著我的團隊幹部，可就辛苦了，人家輕鬆一次搞定的任務，我們這邊從年頭到年尾要舉辦五次，幾乎每個活動辦完不久，又要規畫下一場活動。

然而當我們真正把一件事做到位，那種心情絕對不是——「總算一天結束了可以回家了」的心態，而是真正感受到自己加入獅子會，可以為這社會做到貢獻。

　　當我主辦一個活動，過往的資料絕對會參考，畢竟如果已經有建立好長期合作廠商及在地資源，我也不用刻意堅持要全部從零開始。可是還是那句話，我要先了解為何要舉辦這個活動？

　　例如舉辦兒童癌症關懷，是獅子會每個年度必定要從事的一項任務。過往的做法，就是一群穿著獅子會衣服的大人物們，走進約好的癌症醫院探視病童，捐些錢、拍拍照，就結案了，除了照片什麼都沒留下。沒有感動，也缺少真情。

　　我任內的做法，如同我做任何事，包括以前擔任鄉長時期施政也是如此——我會事先做功課。

　　我們先去拜訪醫院的醫師，透過訪談，了解這些癌症病童真正需要什麼？其實小朋友不太在乎錢的事，他們更切身需要擔心的，就是每天處在恐懼之中，他們需要陪伴及心靈安慰。

　　我們那年的關懷做法，跟醫院合作，在癌症病房做彩繪。

　　基本的訪視慰助，我們也有做到，重點是打造長期效應，因為我們彩繪後的病房，是可以長期陪伴病童的。那些

刻意繪製的，結合具有療癒感的海豚、鯨魚等畫作，讓孩童可以覺得自己處在樂園中，比較安心地接受治療。而不是從前制式冷冰冰的病房空間。

其實以經費來說，也並沒有增加多少預算，但是帶來的效果卻很明顯。

但為何過往沒人這樣做呢？**那是因為經常人們太聚焦在「事情本身」，而忘了做這件事的目的。**

只要稍微用點心，不要一切比照舊例辦理，就可以讓行善的美意更加落實。

✳ 善行也能變得很活潑

我在擔任鄉長、獅子會會長及慈善會理事長，或者擔任總監任內，都盡量去構思，既有創意又能帶來真正影響力的活動。

特別是針對那些常例辦理，大家都習以為常，不覺得有什麼好改變的活動，往往透過我帶領團隊重新思維，最終做出不一樣的新格局。

以關心盲人為例，這也是獅子會年度例行任務之一。

所謂的關心盲人做法，也年年大同小異，不外就是捐助醫療費用，或者捐贈醫療器材等等，這些經費當然對盲人有

一定的幫助，但長年下來，其實醫院該有的設備都有了，大多數盲人也基本上有被追蹤照應了。

我當時就想著——除了物資上的「救濟」外，盲人還需要什麼？我想到，撇開眼睛看不見這個因素，他們也是跟你我一樣的平凡人，不想總是被當成被照顧的弱勢。

那麼，來個「與盲人同歡」的活動如何？

相信坊間不太會有特別為盲人安排的娛樂場所。很多正常人會參與的活動，盲人其實也想親身體驗，但一般人不會去想到，盲人也不太會做要求。

那一年，我就別開生面地舉辦了一場「盲人釣蝦」活動。當然搭配活動，該有的健康檢查、視力關懷也都沒有少。

這是第一次有人舉辦「包場」讓盲人（或弱視）朋友，可以來玩玩釣蝦，對幾乎每個人來說，都是他們人生第一次。

活動在全程有人陪伴、也照顧到吃喝，讓他們安全又玩得盡興的前提下，帶給大家難忘的回憶。

另一個也是改變過往做法的活動，我們把資源回收轉型成慈善義賣活動。

靈感來自於我平常跟獅友們的閒聊，不經意談到家中有別人贈送的禮品，丟掉可惜，但實際上自家又用不到的東

西。這一提，接著大家你一言我一語的，原來幾乎每個獅友家都有這種情形，都有那種收到的「好意」，有的體積還不小，可是既沒用到又很占空間，年復一年，硬生生地把一個全新的東西，變成沾滿灰塵的舊物。最終還是逃不了必須棄置的結局。

明知如此，但全新的東西要丟棄又捨不得。如果可以辦一個活動，把各家獅友這類的「全新又用不到」的物品義賣，既可有助環保，也可以將所得拿來助人，這樣豈不是「兩全其美」？

過往獅子會，也常舉辦慈善義賣之類的活動，但比較偏向以「圈內人」為主，也就是主要以獅友自家人來捧場的活動。

過往也許就選在某個獅子會的租用場地，通知獅友及他們的親朋好友到場共襄盛舉。但我那年，卻和瑞芳的獅友團隊合作，選在瑞芳火車站前廣場，開放給大眾，一起來藉由義賣行善。

活動進行過程中，很多人不是唱衰我們，就是「善意提醒」，在那麼偏僻的地方辦活動，就不要預想會有多少成效。

然而我們很用心地做了準備，也和瑞芳區公所及瑞芳鄉親，事前多次拜訪交流，結果活動當天，人潮非常踴躍，成

為一個創造雙贏的活動！我們的義賣活動達到預期的效果，募到款項捐助給有需要的人；同時該活動帶來當天瑞芳的熱鬧氛圍，讓很多觀光客都一起來參予，也跟瑞芳在地的鄉親互動愉快。

在活動前，我也會擔心天空不作美，若下雨會使活動效果大打折扣，還好當天豔陽高照。但無論如何，在當時我們也做好心理準備，不論晴雨，認為這個做法方向是對的，就全力以赴去做。我也知道人生不是努力就一定有結果，有的人努力方向錯了，就好比辦活動碰到下雨那般，也是努力可能換來失望。

我認為只要有心，並且找對方向，就算成果有些受影響，還是可以有相當的收穫。

若是一開始就只是為辦活動而辦，那自然整個活動就容易一團亂，就算辦完也不知道所為何來？

難得有機會站在可以行善的位置，卻無法畢竟全功，那就可惜了。

＊滿足被幫助者的真正需要

辦好一個活動，說難很難，說簡單也可以很簡單。

要辦活動當然不容易，要考慮到經費、人員調派，還有總是難免會有各式各樣的突發狀況，所以說辦活動困難。

但說辦活動簡單，**因為不論是哪類型的活動，永遠都要抓到一個重點——那就是活動服務的主力對象來說，他們的需求是什麼？**

各種社團或慈善單位，經常喜歡捐助車輛，基本上像是捐助救火車或救護車，都一定會有實質幫助的，特別是捐助對象若是偏鄉，那些車輛絕對有助於在緊急狀況時救人一命。

除了這兩種車外，有沒有其他的做法？畢竟發生火災或有人需要緊急送醫，這類特殊狀況，本就有社會相關急難救助機構。但有沒有針對身體健康老人的捐車做法呢？

在我任內有經過實地去觀察研究，我們後來捐了兩部歡樂車。

什麼叫「歡樂車」？其實就是「移動式卡拉OK」的意思！

我們捐助的區域是新北市的山區偏鄉，範圍像是烏來、平溪、雙溪，還有我的老家坪林等。這些偏鄉都有那種偏遠聚落，老人長年困居山上，就算原本不生病，可能長期寂寞也被悶出病來。

藉由我們的歡樂車，就可以常態進駐這些偏鄉社區，讓他們唱卡拉OK還有喝咖啡。

這種專為銀髮族設計的巡迴車，也讓長者很期待。

另外，我們也跟新北市政府合作，提供接駁巴士服務，路線當然是經過和政府討論規畫的，會行經深坑、石碇、平溪的山區，接送這些老人平日可以去市區，例如看診、辦事情、或探望朋友等等。

　　有了這樣與外界交通的接駁，那些在都會工作的年輕人也會比較放心。甚至有人覺得，平常居住在親近大自然的環境，也可以時時往返熱鬧的市區，體驗人潮，這樣的生活也是不錯的。

　　此外，每年冬季的救濟活動，也是獅子會常態的活動，但這部分也是年年大同小異，主要就是兩種：捐錢或者捐物資。基本上捐物資常會發生，花了錢但提供的並非受助戶實際需要的物品。

　　我在擔任總監那年，有一個新的想法，既然我們提供的東西不一定是對方所需要的，那何不把決定權交還給受幫助者，怎麼做呢？那就是提供購物券。

　　當時我們與家樂福合作。在經過雙方會議後，家樂福也很樂意共同舉辦這樣有意義的活動，他們不僅提供票券，並且也願意特別針對這票券的使用，提供商品一定的折扣。也就是受助者，不但有一筆「類現金」可以用，並且也能用更低的價格取得，等於雙重補助。

　　其實這個活動還有不同的影響力。首先，過往單發現

金，有可能家中有人染上惡習，把錢拿去賭博，這部分我們也無法管控。如果發票券，只限在家樂福使用，就不會有這方面的疑慮。

那年年終，我們就發放每個弱勢家庭（名單由社會局所提供），每戶各5,000元禮券，加上使用票券購物打九五折，家家戶戶就可自由去買自家真正需要的物品，什麼造型、顏色都由自己決定，落實了我們的善意及善行，看到大家都很開心，整個活動辦得很圓滿。

所以，舉辦各種活動，要跳脫傳統思維，用全新角度去思考，最佳情況就是創造多贏，賓主盡歡！

☀人生變身方程式☀

✓ 行善及做任何事，請記得找到初衷，許多人往往倒果為因，最後變成純粹為辦活動而忙碌，卻忘了活動只是個過程，到底真正活動想帶來的目的是什麼？這才是最重要的。

✓ 做任何事，一定要找到定位，找到方向。這樣後續的努力才有意義，特別是身處在歷史較悠久的單位（例如公家機關、或者資深社團），往往大家對長年舉辦活動習以為常，反倒辦活動就失去思考及想像力。

✓ 重新思考一件事的定位，就能開創新局。

✓ 慈善救助，身為施予者，切記不要總以高高在上的「施惠」角度看事情，這樣有可能導致行善初衷無法落實。設法站在使用者的角度想事情，這樣才能做出更符合需要的規畫。

冬之藏

溫 情 篇

冬天，是感恩的季節
經過這一年的點點滴滴，你心中有很多感恩
感恩許多的貴人、許多的互動、許多的事通人和
只要曾經用心待人處事，你將擁有美好的回憶。

本篇記錄了
我中年以後，擔任獅子會總監，以及其他社會行善付出歷程
也寫下了我走過打拚歲月對人生的許多感觸
人生走到回首的時刻，感恩我一路走來如此踏實認真
也許不算輝煌燦爛，但總有溫馨以及感恩

這是收藏的季節 也是醞釀的季節
春去冬來，年復一年過去，長一歲，心靈也要長一歲
每回都以更好的自己，來迎接更好的明年
庫存滿盈，不會有酷冷的冬寒

年輕人！欣喜地迎接新一輪的衝刺吧！
冬天是迎向下個挑戰的季節！

Lesson11
發揚光大獅子會精神

怎樣做事最有效率？

經常有家長關心著，孩子怎麼都不好好念書？或者有老闆，感嘆員工為何都無法像他一樣工作投入？關鍵是在獎勵不夠多嗎？一定要加薪才能讓大家做事更賣力嗎？

其實重點在於有沒有「心」？這裡指的不是家長或老闆有沒有用心，而是指你能不能帶動當事人的心，也就是熱情。

想想看，孩子們不讀書，但可能玩起手遊可以玩通宵，或者年輕人做事沒幹勁，但要他深夜去舞會把妹，他可是完全不嫌累。不需要人督促，他們就做得很拚命，重點就是，因為他們是「自動自發」想做。

任何管理者，不論是家長、企業主或政府，如果想讓推展的事務運作更有效率，最佳的方法，就是找到人們真正的需求以及興趣。

對於有興趣有熱誠的事，甚至不需要付錢，對方也會賣力去做。

*領導者要能化腐朽為神奇

我擔任每個職務，不論是從前擔任鄉公所職員、鄉長，亦或擔任獅子會長之後接任總監。總是會碰到一個問題——要在有限資源下，做最多的事。

說實話，這也才是需要領導人的原因。如果說做什麼事資源都很豐富，要錢有錢、要人有人，要什麼就有什麼，這樣即使找來了一個學生，他也可以來擔當大位，畢竟有了充足資源，天下無難事。

往往一個領導人之所以可以受到重視，被眾人所期待，就在於他怎樣化腐朽為神奇，好比一個巧婦用有限的食材就可以烹煮出一頓美宴。

例如在獅子會服務時，我每每思考的就是如何用有限的資源，不僅達成總會交付的使命（國際總會有規範各區獅子會，年度必須要完成的基本事務），並且不做則已，一做就要把事情做到最好，甚至變成一種典範。

我經常碰到的是雙重限制：資金限制，以及時間限制。有人以為獅子會的經費很多，其實每個資金來源都是會員的奉獻，就算有足夠的金錢，也必須每分都花在刀口上。基本理念就是要能花小錢做大事。

最低的要求標準——把一件事辦到讓參予者滿意。

更高的要求標準，把一件事辦到讓其他分會都稱讚，活動盛況空前，可能還可以帶來盈利，用盈利來做公益，或號召更多人加入志工等等。

理想的高標準，一件事不僅辦得很好，並且創造長遠的影響力。就是活動不僅在有限的時間地點內達標，還創造漣漪效應，好比創造一個典範，讓大家跟著模仿，或者活動帶來的效果可以延續很久，那才是真正的「花小錢做大事」。

這也是我不論在從政任內，或者獅子會及其他公益志業任內，努力的方向。

所以我在鄉長任內，做的封溪護魚、監督打造出三尊佛像，以及像是重陽節活動等等。重點都不是放在「要把活動辦好」，那是一種倒果為因的思維，許多人辦活動都忘了活動重點是要造福社會，而不是放在活動本身好壞。我辦各種活動或推廣各種政策，都是為了要帶來長遠的影響力，事實證明，就算我已經離開那些崗位多年，當年我種下的觀念以及改變種子，至今都還持續發揮影響力。

那麼到底怎樣做事，才能在資源有限情況下，又能帶來發揮最大最長遠的效果呢？**其實只要用心去想，特別是「換位思考」，也就是站在被你服務的人的角度想事情**，就像當

年我站在老人的角度，去思考重陽節該送什麼禮？身處不同崗位的領導人做決策時，也該運用這樣的思考模式。

同樣的一件事，好比推廣坪林茶葉，或達成獅子會要照顧弱勢的使命等，如果有ABCD四種選擇（源自過往先例），哪一種比較適合？並且我該怎麼調整到更好？如果ABCD的選擇都成效有限，感覺只是為辦活動而辦活動，那是否有什麼更佳方案？也就是自己開創出EFGH……等新做法。

開創很累，這就考驗出身為領導人你是來做事的，還是來享權利的？

談談我擔任獅子會總監時的心境。身為總監，在獅子會的職位中，當然是很高位階。理論上掌理旗下許多分會，好像很有社會地位，但是可別忘了以下兩件事。

1.職位越高責任越重：

獅子會是公益服務性質，所以來這裡不是為了掌權的，而是職位越高責任越重。

2.底下無兵可用：

總監職位雖高，底下卻是沒有兵的。如果說獅子會會長旗下，有一群人一起衝鋒陷陣，那就另當別論。而總監就是個頭銜，底下並沒有會員（會員都隸屬於各個獅子會分會）。

這樣情況下的我，在時間有限的前提（總監只有一年任期），必須在年度內臨時成立一個行政團隊，來協助所屬各分會推動教育訓練，推展獅子會宗旨，及國際總會年度服務目標，所以怎麼樣才能把這個職位做到最好呢？

　　撰文至此，請讀者思考一下，就當做是腦力測驗吧！什麼事是決策單位（不像各獅子分會等第一線執行單位），可用最少資源做到，卻又影響久遠的。

　　前提是，不能違背獅子會的初衷，台灣獅子會隸屬於國際獅子會，每年都有固定要執行的十二大任務。

　　這裡也分享獅子會承國際獅子會的使命，必須落實的十二項區務工作重點。

獅子會 十二項區域工作重點 (簡略版)

01. 落實國際總會五大社會主題(每年要辦至少一個相關活動)：關懷兒童癌症、防範飢餓、加強青少年照護、行動環保救地球、糖尿病防治、教育及視力保健。

02. 辦理多項社會服務工作，如反毒反飆車、圓夢計畫。

03. 建立創新高執行力的服務團隊，為獅友服務(擬妥詳實的區務工作執行計畫及社會服務計畫)，編訂「區務工作行事曆」做為區務工作推動之本。

04. 舉行大型聯合社會服務(結合國際總會五大社會服務主題)。

05. 完整的教育訓練，加強各級幹部領導才能研習教育，加強獅友對「獅子主義精神」之了解。

06. 推動GAT團隊之運作(主要是招募新血輪)。

07. 積極勸募國際基金ＬＣＩＦ(就是公益募款)。

08. 推動捐血計畫。

09. 結合公共關係善用大眾媒體報導，發揚獅子主義及獅子文化。

10. 強化本區各委員會之實質功能。

11. 預算、決算透明公開，妥善運用資源，增強服務效能。

12. 實施「電腦科技網路」區務運作系統。

✳ 開發生命熱情的學習中心

現在，就來公布我的做法。

其實很多時候，領導人在做決策時，一方面要能將心比心為人著想（要為被服務的民眾著想，也要為執行的團隊著想），另一方面也要懂得拿捏分寸，所謂不在其位不謀其政，就像你是企業老闆，就不該搶著去做第一線的事，讓底下員工不知所措。我擔任總監，也不能去幹會長職位執行的事。

那該怎麼辦？如果依照常理，身為總監，大約就是「督導」每個分會，精神講話，以及作為總會與分會間的橋樑，傳遞理念訊息等等。但是就只能這樣嗎？

對我來說，那些基本該做的事，例如督導、關懷、打氣、宣揚政策等，本來職責就該做的，我不但都做，並且非常認真投入，剛上任三個月，就已經踏踏實實的去拜訪了我這區所屬的57個獅子分會。

除此之外，還有什麼是以總監立場，可以做到，且不至於妨礙分會做事，同時又在一年的期間內帶來長遠影響力的呢？其實可以做的事很多，我聚焦在一個重點，以總監來說，就是植基於精神面的影響力；我在區辦公室設立的教育機制，以及我在各場合演講時，推動了「獅子神」觀點。

先來談談教育。

我想，最可以代表深耕未來的一件事，真的就是「教育」了，所謂「百年樹木，十年樹人」。當然，獅子會不是教育單位，而國際總會原本就規範了獅子會有既定的培訓機制與原本就有相關的負責人員。

我當時在總監任內除了勤跑各分會，做好溝通了解以及傳達等任務外，我更是透過各種機會，傳達教育與學習的重要。要知道，為何受過培訓的員工或者團隊成員，比較能夠有效率完成任務嗎？重點除了技術面培養外，另一大重點就是養成興趣，當一個員工，例如美妝產業的員工，自己就熱愛美妝，那麼工作起來，自然很帶勁也能自動自發，員工不是全然為了收入而努力，那種植基於興趣所發揮的動能，最可以帶來組織及企業運作效能。

而我在區總監辦事處，建立的教育學習課程，不是針對獅友的培訓目的，而是著眼於；第一、建立生活豐富，以及對生命的熱情。第二、擴大獅友連結。

要知道，許多的獅友，會用心投入志工，可能植基於對社會的使命，但也有很多人是到了一定年歲，想透過這樣的參與，擴大生活層面。於是我開辦了可以終身學習的課程。

在我總監任內開了歌仔戲班以及攝影班，並與高雄市空中大學簽署獅子會台北學習中心，讓獅友有再學習深造的機會，並且從我那年開始打下基礎後，之後就能繼續增設更多類型的學習班次。

我之所以會選擇歌仔戲，除了拓展一般獅友平常少接觸的領域學習外，也因為這是珍貴的傳統文化，對獅友來說，可能生活比較不缺金錢名位了，但過往因為事業忙碌，鮮少有機會接觸到傳統藝術文化，我也藉由這樣的課程讓他們可以一窺傳統文化堂奧，並且不只是理論學習，而是可以親自下場，真正扮演起舞台上的生旦淨末丑，也以這樣的方式去感受人生。

推出以來大受好評，引起獅友間一個新的話題。

至於攝影班，坊間雖然也有很多攝影相關課程，但感覺上似乎有些專業門檻，通常是學員們本身就有相當基礎，或從事相關行業才去上課，一般從零開始的民眾若要加入那類課程，可能比較格格不入。但我針對獅友們開立的攝影班，比較契合他們原本的程度，能夠比較生活化的導入攝影學習，沒有壓力，不是為了證照或真正取得什麼技術，只是一種學習，並從影像世界中，感悟到不同的人生風景與視野。

這樣的課程，也剛好有獅友們具備這方面專長，因此不需要額外花太多的經費，只需簡單的車馬費及場地茶水費

等。像我們有一個活動長，他的夫人原本就是歌仔戲老師，因此可以來支援這樣的課程。學員們男男女女都有，後來還練習做到可以上台表演，也真正舉辦過公演。當我到現場看他們表演後，內心也深受感動。

對表演者來說，那些獅友自然不在乎什麼公演門票收入（實際上若有收入也都會全額捐獻），而是當他們的親友看到，原來某董事長或某企業家夫人，不只事業經營有成，並且還有文化底蘊，有藝術表演實力呢！

那種生活層面的影響力，可能從過去人們以為的有錢人，我們不敢高攀的刻板印象，到現在可以如此庶民，且能夠有文化涵養，認識更多朋友，他們的人生也變得更加光采有意義。

這些都是金錢買不到的，而這正是我想要建立這些課程的初衷，打造了學習以及其長遠的影響力。

身為總監，我的立意就是成立這樣的一個學習中心，以這樣的基礎也可以開設更多課程，有這樣的平台，還可以跟其他單位合作，例如跟高雄空大合作提供面授教室，及開立線上課程。讓獅友有機會可以去進修，取得大學文憑等等。

接下來，我要談談獅子神。

＊感恩獅子神連結向心力

什麼是獅子神？這是印度佛教的一種神祇嗎？因為在台灣有聽過虎爺、象神，甚至像是十八王公廟有祭拜忠犬。但獅子神？好像沒聽過。

其實獅子神，不是一種宗教觀念，但又不是單指「獅子精神」，而是概念上，設定這樣的一個「神」。

說起來，這不是我所發明的，不過也不是獅子會本來就有的設定，最早時候是我聽過一個獅子會前輩，曾在某個場合提出這樣的概念，而我非常認同，以我的角色來看，我算是積極推廣「獅子神」理念的人。

什麼場合會聽到獅子神？

在正式獅子會的會議上，每次會議一開始，有個敲鐘的儀式，然後要帶領獅友們唸獅友八大信條，這時我會默念，請大家感恩獅子神來保佑大家。

所謂的獅子神，指歷來的獅友們的精神所匯聚。說起來，獅子會創立至今也超過一百年了，這麼長的歷程，自然有許多的生老病死，論起全世界已經離開人世的前輩獅友們，絕對也是成千上萬了。

我們想想，在東方，如果家族有人離開，會被放入家廟奉祀，在西方則沒有這樣習俗。而一個人除非成就很大的

功德或留下長遠名聲，例如廖添丁有被建廟，更別說像是媽祖、關羽，都是凡人死後被奉祀為神，否則一般人，就是人死燈滅，逐漸被世人遺忘。

其實所有的資深獅友們，他們都對世界有很大的奉獻，生前行善造福鄉里的人，我們對他們應該心存感恩。甚至也可以想像，如果他們英靈尚存，應該也願意繼續協助獅友晚輩們，把各種公益服務做到更好，也許還可以透過神力助大家一臂之力。

就是基於這樣的思維，我推廣獅子神。

背後的寓意，自然不是聚焦在把前人神格化，而是一種對前人的感懷，同時想想從前，亦勉勵自己。

我通常的「禱詞」（借用宗教說法）如下：

感恩上天的護佑，讓獅友們這一年的努力可以圓滿。也誠心祈求獅子神們，來到貴寶地，保佑平安，諸事順利。

當然因應不同場合，禱詞會調整，例如可以祈盼獅子神，保佑大家事業成功，或護佑大家身體健康。

獅子神可護佑大家，意思就是獅子神就在「你我左右」，並且不分國籍，甚至也不分年代。獅子神是充滿愛心的神，是行善的神，是獅友們共同要來尊敬的神。

而推廣至今，我也沒有碰到任何抗議，被說是裝神弄鬼、故弄玄虛之類的，因為獅友們都知道，這背後是另一種信仰（借用宗教的做法）；非宗教信仰，而是一種「公益善行」的信仰。

　　基本上，我提到的獅子神的場合，也會看當時的感覺，我會分辨在怎樣的場合，例如非常隆重場合，可能不適合提到這種非正統的內容。可以提到獅子神的場合，主要是在一種較親和與日常的會議場合。

　　獅子神的信仰，也希望讓一般民眾廣為知曉，為何有這麼多企業家，願意花自己的時間，還得自掏腰包做那麼多公益行善之事？對他們來說，服務成為一種習慣，就好比虔誠的傳統宗教信徒，習慣燒香拜拜，對天對地也對自己家人及國家祈福般。

　　當一件事情變成習慣，那就是一種「自動自發」。回歸到本章開頭就闡述的道理——**當人們願意自動自發做事，那就是行事最有效率的時候。**

　　問問獅友們，他們都會說，我做善事是基於自己的熱誠，沒有其他利益上的目的。我做這些事很開心、沒有負擔，不像在工作上，有業績考核或客戶抱怨等壓力，那種志願服務是種深度的內心認同，而我們對一件事極度的認同，不就等同是一種信仰嗎？

所以獅子神也是一種信仰。

每年世界各地的獅子會，出錢出力所帶來的貢獻，難以計數。而我們台灣獅子會已經連續九年，每年的募款金額都排名世界第一，一年都有超過2億5千萬的捐款，甚至在疫情期間，到了2021年，捐款金額還高達將近3億台幣。

台灣的愛心聞名世界，這也讓台灣更加被看見。

衷心感恩獅子神的護佑，成就獅友們這樣子行善的偉業。

☀人生變身方程式☀

✓ 做任何事都要有方法，其實也是身在一個高位該有的使命感。事情不是做了就好，也不是達標就自我滿足。如何做到更有效率影響力更大的「好」，才是領導人應有的思維格局。

✓ 藉由換位思考，以及設想到更長遠的將來，就可以刺激出更好的思維。跳開「我奉命來做這件事」的僵化思維框框，想成「我很榮幸有這舞台可以建立影響力」，以此為基礎來擘畫未來，就可想出非凡的創意新決策。

✓ 當我們願把一件事當成一種信仰，做一件事完全心甘情願、自動自發，也心存感恩，人人如此，世界運轉會更和諧。

Lesson12
心態正確了，人圓事圓

我們做很多事要低調，但有的事卻要公開，甚至刻意高調。為什麼？怎麼區別？

關鍵在於初心，如果主要為私，那就要低調，為公就必須高調。

好比在企業裡，不要刻意炫耀自己業績多好、多能幹！當然公司若表揚你，那是公司表揚，並非自我炫耀。但如果是為了推廣公司產品，拓展事業版圖，那就要去行銷。

行善也是，如果是要讓人知道自己是大善人，這是為私，應該低調。但如果是為了宣揚善行讓大家效法，好比獅子會行善，是為了帶起社會善良風氣，那就要高調。

很多人搞錯了這樣分別，好比老闆只想凸顯自己財大氣粗、主管就是要耍官威，無怪乎同樣的職位，有人做事政通人和，因為得民心。有人是很顧人怨，因為失民心。

這是做任何事業或志業該注意的心態。

＊建立利他習慣，提升思考高度

許多時候，當我們站在自己角度想事情，無形中就會設下框框。

其實人非聖人，說完全不為己，那就是自欺欺人。但重點是我們要撥出多大的比例？例如有些宗教界的大師，或者像是德蕾莎修女這樣的慈善家，真的做到完全拋開小我，以蒼生為職志，這樣的人是聖人，我們難以企及。但在私領域的各種事上，好比一個小學生懂得把鉛筆分享給同學一起用，或者在公司裡，有人願意多支援同事，即便他不會因此被加薪，反倒延長自己下班時間等，到了年紀更長有了更高社會地位時，願意把自己擁有的資源不吝和更多人分享，像是投入慈善公益等等。這些事人人都可以做到。

而且有兩個不刻意強求，最終卻會得到好處的方法。

1.締結善緣：

不一定要套用佛家「善有善報、惡有惡報」的理念，僅以現實生活面來看，一個願意真誠無私奉獻的人，最終一定可以獲得更多的友誼。當然，如果一開始就是刻意打造善人形象，但背地裡不是真誠付出，偽裝久了也會被拆穿。而且平常願意付出的人，當你真的將來碰到狀況有需要幫忙時，一定很多人願意回饋報答你。

2.建立習慣：

這點是一般人不一定會注意到的，其實一個打從年輕時候就懂得為人著想的人，將來比較容易有成就。為什麼？先姑且不談宗教，不說是因為「積德積福」，而是一個更真實

的情況，當一個人習慣利益他人，進而為整體大我思考，那會有什麼結果？自然會培養出一個思想格局更寬廣的人，好比說想事情會想得更深遠，訂計畫會有更彈性的創意。這樣的人理所當然承接任務的績效更好，更被主管看見，這才是為何可以更早獲致成就的真正原因。

　　習慣真的很重要，時常有人問我：「金生啊！你為何總是可以想到那些我們想不到的，你的許多政策都很有創意，是因為你常看書嗎？」

　　老實說，我的確愛看書，但真正刺激我，總是有新思維的，是我的「習慣」。因此，當我承接一個任務的時候，「自然而然」會想得更遠；結果就一定會提出超越過往藩籬的新創意。

　　舉例來說，在獅子會我們為了做公益，但同時也為了達成國際總會交辦的任務，一年四季都在辦活動。所謂活動，結果可能有褒有貶，不過基本上若是遵循過往做法，打安全牌，差別都不會太大。

　　一個每年要辦的固定活動，就是青少年營。

　　說實話，這個是年年總是由獅子會發起，然後透過各校廣招學生來參與，由學校代勞廣宣，會參加的多是有志上進的青年，這樣不是很好嗎？像這樣的常態制式活動，人們會

想就算是梁金生總監來處理也沒法有什麼新花樣吧？

　　但結果還真的有，當然我不是刻意標新立異，而是有我的深意。

　　我是獅子會史上，首度將這個青少年營活動，辦成為獅友青少年聯誼。我舉辦的青少年營，不是通過各校去招募學生，而是指定由獅友的孩子或孫子來參加。

　　為什麼？原因有以下兩點。

1.青少年營已是常態：

　　我已經觀察到這些青少年聚會活動，其實很多單位都在舉辦，莫說救國團或一些大型宗教團體（如慈濟）年年舉辦，地方上各式的公益社團或者企業組織，乃至於學校自己，也都會舉辦。如果獅子會只是為了湊業績，達成年度任務，年年遵循常規照辦，我感覺這沒有意義。

2.活動的成長空間有限：

　　活動辦完，接著會對青少年有怎樣的轉變呢？我觀察到，幾天的活動。如果沒有長期規畫，那真的就只是一群孩子來玩玩就走的概念，過程花了很多錢，卻只是大人陪孩子們娛樂，那有什麼意思？除非有長期規畫，例如慈濟的營隊，有整套的制度，青少年營隊算是一種「轉大人」的過程，但獅子會的營隊比較不是這樣概念。

如果我設定參加者就是獅友的晚輩，這個青少年營隊就有了不同意義。

可從這個角度思考，這些16歲以下的少年來參加活動，一方面學習團隊精神，另一方面等於提早建立他的人脈圈。

過往所有青少年營，都會標榜自己可以建立人脈圈，實際上短短時間內除了結業式大家哭成一團外，之後就各奔東西，根本會長期聯繫的不多，那是因為大家並沒有一個可以凝聚共識的核心理念。

但是如果大家都是獅友的晚輩，那就不一樣了。今天你跟我認識，不只是兩個來參加活動的少年，同時我們都來自有同樣理念願為社會奉獻的家庭。以社會現實面來說，也可以說是大家的長輩都是有一定社會實力的政商人士。這些人透過交誼，更加認識，從少年建立的情誼，以後長大也會成為事業的助力，這個影響力就絕非那種結業就解散的概念。

人脈鏈結是種需要長期培養的能力，人脈鏈結也因此可以助人，那沒有什麼不好。

總之，我當總監時期，辦的青少年營，重新改變定位，讓參加營隊的少年們。對整體活動，有了比度假活動更延伸的長遠意義。

✳ 溝通，植基於建立共識

創意的提出很好，但有時候會面臨執行的困難。其實也不是執行上有什麼多大的挑戰，往往只是因為，這件事過往不是這樣做，身為創新者，也就是沒有往例可循，這對承辦人員來說當然是辛苦的事。

講白點，就代表著不能偷懶，心態上會有人不能接受，甚至表達反對立場。

我不是個一意孤行的人，但我也不會是一碰到大家反對就退縮的人。因為老實說，如果一碰到「少數服從多數」我就放手，那我什麼就都不用做了。畢竟，我從過往在坪林鄉服務，到後來投入獅子會志業經歷，有太多事情是源自於我的獨創，如果一碰到改變，就要求大家表決，那我每次都一定位居票數弱勢。

當然，獅子會跟過往經驗比較不同的地方，是志工本來就是願意付出，才來加入的，基本上也都不是嫌麻煩的人。主要還是大家心中有疑慮，你這樣做好嗎？也就是心中不能完全認同，那做起事來，就多少有點心不甘情不願，這會讓效果大打折扣。

為了不讓這樣的情況發生，所以我一方面必須提出很有前瞻性的構想，二方面也必須做好溝通，並且是心服口服的溝通，而非「好吧！你說了算」，那種勉強的溝通。

　　以前述的夏令營為例，我的團隊夥伴，都是願意挺我的人，但他們心中依然有著「為何要這樣做」的困惑。所以我每次宣達理念，總是會花時間做好溝通，包含我以前在擔任鄉長時期，很多政策，可能不能一下子立竿見影，鄉民可能要一段時間，甚至要以年計算的長度，才能了解我的初衷。對於我的團隊來說，當然無法等他們慢慢開悟，而是要在執行前，就要確認他們充分了解。如果不了解我的理念，我寧願讓這人暫時退出這個任務，去執行其他任務。

　　還好，其實我提出的想法也不是什麼天馬行空，讓人匪夷所思的新穎概念，而多半是只要認真想想，就覺得我說得有道理的概念。

　　所以在溝通青少年營的觀念，我只要請大家設身處地模擬情境，當你是來參加的學員，你怎麼度過這兩天？你會與同伴怎樣對話？當我跟你說，我爸爸是某某分會的獅友，你跟我說你爺爺是另一個分會獅友，這樣是不是一開始就有話題了？接著一定會聊到你爺爺的公司在做什麼？我爸爸是在哪個產業？他怎麼有空投入獅子會？好棒喔！原來上回那個活動是你爺爺的分會辦的……。

這種交流絕對比一般全然陌生的聚會，大家被迫組隊，然後客套萬分地自我介紹要更有意思。

重點是「孩子們的水平相當」，那就好比我們念高中或唸大學，需要考試，就是希望同一個水平的人一起讀書。我們要辦的青少年營也是如此，這樣說，我的團隊也就懂了。雖然不像往年，可以透過學校幫忙招生，現在必須花加倍時間去跟獅友宣傳，但只要心態上可以肯定這件事，任務就可以執行。

這裡溝通的一個重點——就是建立共識。

而我們溝通比較容易，不只是因為大家都是企業家出身，本就是思考能力很強，對不同事物也較容易接受的人。因為大家都是參與同樣的社團，也就是獅子會。

獅子會就是一個幫助溝通的交集地，也就是，你我他來自各行各業，術業有專攻，可能談起專業，甲與乙，丙與丁，都有點雞同鴨講。可是因為有獅子會成為大家的交集，就可以從這一塊切入，然後做任何事都比較有共識。

我想如果當初推廣新的青少年營活動，我的身分是某某政府單位的中階主管，那很可能就會阻礙重重，因為公家機關的每個人都只是來「就業」，而不是像獅子會的獅友都是來做「志業」。

這也代表，每個人都要盡量加入有共同理念的團體，否則你就算有再好理想抱負，也可能孤掌難鳴。

　　談到這裡必須要先介紹，我加入的另一個公益社團，叫做新北市慈善會，這裡我要說的就是，當時我接受創會人的推薦，接任其中一屆的理事長，如同我任職鄉長，以及擔任獅子會總監時期，我一定對很多事有比較前瞻性的看法以及做法。但當我在新北市慈善會時，就碰到了難以推廣的狀況。原因就在於，新北市慈善會雖然也是一個公益行善機構，但成員間彼此的信念並沒有那麼強烈，大部分人是有感於創會人林楚卿的義行或人情而參加，參予者年齡較長，觀念比較保守，也比較不願意「找麻煩」，我就算以理事長身分提出一些改革想法，後來在民主表決制度下，也都被否決，讓我難以施展工作。

　　所以就算我曾以鄉長及獅子理事長身分，創立了許多新的活動概念，很多都影響深遠，但我若是處在無法理念溝通一致的團體，也會碰到有志難伸的困境。

　　對年輕人來說，加入理念相合的團體，也是非常重要的。

✳ 反求諸己的服務態度

理念契合？理念又該如何契合？

其實這不能花太多時間摸索，畢竟人的生命有限，無法每件事都去碰撞，後來才發現行不通又退出。

所以各種宗教、社團、社企組織乃至於教育機構，都會盡量一開始就明訂自己的理念宗旨。如果入會者沒看清楚，加入後才來抱怨，那樣的態度是對該單位有失公允的。

例如每所職校都會定位自己的教學方針，學生或學生們的家長，在讓孩子就學前就要好好思考。如果這是一所以餐飲服務為主力的學校，你卻要孩子進校成為企業管理菁英分子，那就是跑錯地方。

一般企業常會鬧糾紛，特別是合股公司，就經常有所謂理念不合，甚至對簿公堂情事，那是因為對企業來說，理念不好訂定。一開始企業規模小時，可能大家都以賺錢為第一優先，等企業漸漸變大，開始有了盈餘，也就有了計較，那時候理念不合就會引起糾紛，例如對經營管理方式、財務分配方式、組織架構方式等不同意見。

以獅子會來說，這是創立超過百年的組織，因此所有的理念宗旨都清清楚楚，但老實說，有很多用語，難免讓人清楚但不夠明白。畢竟，所有公益性質社團都會訂定高遠，但

不一定定義清楚的「願景」。例如對於助人的定義，可能就有很多解釋空間。

無論如何，至少獅子會有一個所有成員都可以接受的共識——那就是「服務」。如果有人加入獅子會後，才來抱怨，我已經有捐錢了，怎麼還要我來「服務」？那就是一開始就沒搞清狀況。

我當年加入獅子會，一開始的確是因為受到邀請，盛情難卻加入，並且也在最初幾年，自己擔任鄉長而忙得沒空參予會務。

但我真正投入的時候，我就確實抓住「服務」的中心理念，其他的就只是施行細節的概念——主要就是怎樣讓服務做到更好，用最短時間服務最多人的意思。

也曾有人會跟我請教「服務」的意思？畢竟這是個講究服務的社會，台灣占最大宗的產業就是服務業，而不論你開餐廳的乃至於現在的公家機關，誰不是開口閉口就說自己「以客為尊，服務至上」？

說到底，怎樣是服務啊？我領老闆薪水，依公司規定的禮節，跟客戶總是說「請、謝謝、對不起」，講話還要微微躬身，這就是服務嗎？

那獅子會的服務有什麼不一樣？

我的答案，獅子會是發自內心的服務，是一種無所求的

服務，不是因為老闆命令你，不是因為你領了錢得這樣做，也不是想取得客戶的讚譽。

以結果來看，可能很像，可能都是幫助人，例如 7-11 店員幫客戶代收包裹是服務，我們獅子會去幫助弱勢也是服務。但當心境不同的時候，做事給人的感覺就不同。任何人都可以感受到你是「職業性的服務」，還是「真正有愛心的服務」。

那些原本是大老闆，大可在家吹冷氣喝威士忌享受人生，卻選擇在風吹日曬下，來到不同弱勢團體這邊出錢出力，那就是基於真誠的心。如果背後有一絲絲作秀的私心，那就效果大打折扣。

而服務該怎麼做呢？如果你是加入一個有理念的團體，好比說慈濟，好比說教會，那他們肯定都會有一套制度。那任何人最簡單可以做到的事，就是扮演好你所處崗位的角色。

好比我在獅子會，是從基層做起，從最一般的會員，做到分會的幹部，從理事副會長當上會長，後來更高一層，也先歷任分區的不同幹部，後來當到區總監，之後也在總會擔任獅子會台灣區議長的協調長。

當在每個角色，你就做好你的服務。這樣就對了，一點

也不困難。

回過頭來，談年輕人如何在企業自處？也是同樣道理。

1.確認公司定位：

年輕人要先了解公司訂位，例如明明你是素食主義者，卻加入一個活海鮮餐飲集團，那你肯定不會快樂，也做不久。

2.扮演好自己角色：

當你認同公司定位及理念後，真的加入，就要確實扮演好自己的角色。很多人做事的時候，斤斤計較金錢福利，那就有點奇怪，如果當初這裡的薪資、福利不是你要的，大可不必加入。一旦加入了，自然就要依照公司規範，相信你若付出被看見了，就會獲得相應的加薪及升職，如果真的這裡制度不公，那就是一開始就選錯公司。

3.樂在其中投入：

當你認真扮演好自己的角色，並且還要樂在其中，那你人生就有好的發展。這可以分為兩個層面來說，一個是你對自己工作越來越專精，後來也被升遷，甚至自己開業當老闆。很多創業家都經歷過這樣的歷程。換個角度，也就是另一個可能，假定你後來不幸未獲升遷，或者更不幸地公司經營不善倒閉了。那你會怎樣？假使當初你樂在工作，真誠投入，相信你一定已經成為這行業的佼佼者，這樣的人還會擔

心找不到工作嗎？只要你是人才，就不需要擔心前途。

　　任何人處在職場上不愉快，抱怨自己身處水深火熱，或者與同事不合，乃至於抱怨自己龍困淺灘、大材小用等等。都請回歸審視前面的幾點，看看自己是找錯公司定位？還是沒扮演好自己角色？以及是否真的樂在工作？真誠投入？

　　凡事毋須怪罪別人，反求諸己，往往自己才是問題關鍵。

　　這也是我認為年輕人該有的工作態度。

☀人生變身方程式☀

✓ 很多事之所以後來窒礙難行，追溯根源，往往是起心動念不正。如果秉持真誠初心，很多別人看似困難的事，其實你都可以迎刃而解。

✓ 我們無法做到百分百溝通，就算神也沒辦法，例如宗教就分成如此多派別。但我們要聚焦跟有大方向共識的人溝通，如果連大方向就不一致，所謂「道不同，不相為謀」，那就不是我們的場域。

✓ 我們都可以是服務別人的人，並且這樣的服務，帶給對方快樂也對自己生涯加分。重點前提就是你選對職場，如果起點就站錯了，那你未來會經過太多彎彎曲曲的冤枉路。對年輕人來說，若尚未選到認同的起點，那還不如趁年輕，多一點歷練再做出抉擇。

Lesson13
總是抱持著感恩之心

對於人生歷程，我總抱持著感恩，是因為生命中許多貴人的相助，才讓我有更精彩的職涯，以及為這社會做出更多的貢獻。

媒體曾經讚譽我是「坪林之光」，除了因我擔任鄉長時期對在地的諸多付出外，也是我早在2016年就獲選為新北市的好人好事代表，並於同年接著榮獲中華民國好人好事代表，在全國只有23個名額，獲得這樣的殊榮，所以媒體才公開讚揚我是坪林之光。

一直以來我真心感恩，這些協助我變成「更好的人」的貴人們，第一個要感謝的是我的母親梁阿要女士，她在我父親過世後，含辛茹苦地扶養我們10位兄弟姊妹長大成人，各個事業有成。她也在2015年接受模範母親表揚。

此外，要感謝我的夫人，長年對我的支持，我的兩個女兒也都孝順乖巧。

除了家人外，我要感謝的人，實在太多太多了，無法一一列舉。然而有一位貴人，我必須特別提出來感恩，他是引領我投入公益慈善的前輩，在我介紹參予慈善事業歷程前，衷心要先感恩林楚卿先生。

✱ 開啟公益視野的貴人

我是在卸任坪林鄉長職務後，有較多的時間投入公益。然而公益事業，並非慈善捐款就好，如何有效地做好公益，其實也需要學習的。而林楚卿就是帶領我學習這個領域的終身貴人。

當年我一面加入獅子會，同時也加入林楚卿時任理事長的台北縣慈善會（現改名為新北市慈善會），由於林楚卿是永和人，這個慈善團體也是永和起家的慈善機構，擔任理事長做服務的人，一屆三年，歷任的理事長都是由永和人來接任。我是歷來第一位非永和人，接任第七屆理事長。

我之所以有這個機緣加入此慈善組織，非常感恩林楚卿，在前文我曾介紹過，就是那位捐錢在坪林鄉建造觀音菩薩像的大善人。林楚卿長年以來在地方行善無數，例如在永和地區協助建造公園，也捐書給圖書館，還包括在中永和廣植櫻花林等等。

其實我本身雖有從政經驗，但對於社團事務並不熟悉，自認為我一切都還必須從頭學起。那年林楚卿邀我接任理事長時，我就坦承一來並非中永和地區出身的在地人，二來我的企業也不是什麼大企業，只是經營一家小規模的營建公司。

當時林楚卿說：「帶領社團重點是要有『心』，我相信你可以成為一個有心的人！」

他還勉勵我：「領導人要有心，團體就會強大。做任何事不要懼怕，你不是一個人，所有會員都是你的後盾。」

林楚卿真正開啟了我的公益志業視野，我也因為他願意交付重任給我，願意承擔引領慈善會的重擔。

我知道，從前我的成功，不只是因為我的努力，也因為有許多的團隊成員支援我，過往這許多年，我能夠在社會上有些名聲，背後有許多人的支持與鼓勵。當我有能力奉獻的時候，我願意無私的付出奉獻。

然而我付出越多，就像老天也在幫助我一般，事業經營也都很平順，我想這是「天道酬勤」的概念。

當然，我從林楚卿那裡學到的，做公益的基本精神就是要有心，我也從來沒有去做商業上的算計。

比較起來，慈善會跟獅子會，雖然都是行善及服務助人為主要目的，但一個是地方型的社團，一個是資深全球性社團，做法截然不同。我在當年同時兩邊都參予，因此可以累積各類的公益經驗。

不過也如同前文介紹過的，我對於公益付出有更多的想法理念，但慈善會基本上是比較偏保守的團體，對於我想要擴大組織的想法，無法接受。如果當時林楚卿還在，可能可

以發揮帶動的功能，然而當年他已老邁，在我卸任理事長同年，他也以90幾歲的高壽往生了。

　　無論如何，非常感恩，因為有他，讓我踏入公益慈善這個領域。

✱ 母親是我一輩子的恩人

　　提起感恩，我想有個篇幅，專門來介紹我的母親。

　　許多創業有成的人，提起小時候，常會提及什麼家貧、三餐無力為濟等困頓情境。我的成長時代沒那麼誇張，甚至以偏鄉的角度來看，我們的生活還算小康。至少食衣住都還過得去，至於「行」，就靠雙腳走路。

　　如今回想起來過往家居生活，真是神奇的事，母親怎麼一個人工作養活家中10個嗷嗷待哺的孩子，還要操持所有家務？

　　10個兄弟姊妹中，我排行第八，所以也不是扮演那種長兄長姐的角色，比較偏向被照顧的角色。當我6歲時，父親離世，因為年紀太小，對於父親記憶也不深刻，只是後來陸續聽家人說起，知道父親以前會挑魚去賣，也會去買鴨蛋，等蛋快孵化了，再挑鴨子去各地叫賣。因為他長年在外奔波，我見到他的機會也不多。

相對來說，母親就是每天直接照顧我們的人。幾個兄姊中，最大的幾個已經年過20，出外打拚或讀書，家裡就剩幾個10幾歲的孩童。對於母親的事，我就比較有印象了。

記憶中，每天一大早，我們幾個孩子還在睡覺時，我母親就已經出門工作了，然後她工作到一半，還要趕回家煮早餐給我們吃。等我們用完早餐各自去上學後，她又繼續出門工作。她雖忙，卻沒有忽略了我們的三餐，當我們放學回到家，也還是吃到熱騰騰的晚餐，母親照顧我們用完餐後，又得出門工作。

算起來母親工作已經遠遠不是工作8小時的概念，甚至已經超過12個小時，具體工作內容，舉凡所有的農事，她都必須操持，同時也要打理好家裡的內內外外。

依照四時的農事安排，白天要照顧農田、牲畜等等，晚上還要繼續曬稻穀，還有母豬生小豬了要去接生看顧。

一個人忙裡忙外的，印象中，我沒有聽她喊聲「累」過。

因為母親的辛苦付出，幾個孩子才可以像是無憂無慮般的過日子。我們也許吃得不算好，可能只是番薯籤稀飯，但母親從沒有讓我們餓著。

我想，我後來人生願意任勞任怨為人付出，背後有著母親的影響，**她帶給我的成長記憶就是——你就算辛苦工作，依然是可讓日子快快樂樂的。**

年紀稍長，我邊出外讀書，也思慮著將來長大可以怎樣協助家計？最早期覺得有機會去吃鐵飯碗，以為可到電信局上班，在那年代，那不但是個固定工作，並且薪水還不賴。可惜，後來檢查發現眼睛有問題，而錯過那份高薪。

當然以人生的後來發展來看，有不同的際遇。但那樣的過程也讓我理解，這就是人生，我們可以有期望，但不一定能達到。雖然難免會碰到失敗，我們還是不要放棄自己的目標。就像當年母親沒日沒夜操忙，如此的辛苦，也總是保持樂觀態度，我們傳承她的精神，也永遠用正向積極的心來看待明天。

可以說，母親為我建立的樂觀信念，後來讓我不論擔任民意代表、擔任鄉長，或擔當社團負責人，**這個樂觀信念支持我，可以專注扮演好一個角色，就像母親當時再忙，也能扮演好母親的角色一般。**

在我開始擔任鄉長那年，母親72歲，在我從政過程中，她從來沒有說出負面的話，總是正面鼓舞我。我的母親非常有智慧，在選舉時，她也告訴我凡事盡其在我，得失不要太過計較。後來就任鄉長，她從不會干預我的工作，但應是常聽到鄉親跟她讚譽，「妳的兒子做得很好」，因此她每天都是笑容滿面。

母親在年過70後，還是繼續工作，直到我都當了鄉長了，才勸她不要那麼累了，也讓自己休息休息吧！但她還是喜歡幫助人，經常閒不下來，哪一戶人家要採收茶葉，她就過去幫忙。有時還碰到，一天中有兩戶人家需要幫忙採茶，那她是要去幫哪家啊？母親這樣煩惱著。我就再次勸她，在家休息就好，哪家都不幫，哪家也不怕得罪，這樣不是很好？

　　但她還是想做點事，於是我就推薦她去參加老人會，甚至她還去讀松年大學！母親出生於日據時代，曾讀到國小畢業，但結婚後就沒機會念書了，後來有機會去「念大學」，她真的很快樂。她參加了日文班、跳舞班，發現自己原來對很多事都有興趣！我也替她感到高興，她也跟同學相處愉快，到老來還是天天保持樂觀年輕的心。我總是跟她說，妳外表看起來，比妳實際年齡年輕好多喔！

　　我感恩母親帶給我的一切，我也很榮幸，讓她在生前看到我成家立業，為鄉里付出有所成就。

　　她是在2022年，以97歲的高齡往生。

　　因為有她才有我，母親，我一輩子的親人、恩人、以及貴人。

✱ 不忘感恩身邊人

到了人逐漸老去的階段，隨著時光消逝，我們會發現身邊的一些親人朋友日漸凋零。而人生這條路上，一個終究無法避免的情境，就是那些你最愛的人，不可能永遠陪在你身邊，早晚有天會離你而去。

我們無法把親愛的家人永遠留在身邊，可以做到的就是，在可以相處的時候，好好珍惜。

這是人生很基本的道理。但很多人都忽略了，或者他們以為反正日子還很長，什麼感恩的話，可等到以後再說，往往等到發現一切都無可挽回，才抱著深深的悔恨。

在生前沒能好好的孝養父母，當他們走後才哭得柔腸寸斷，又有何用？

或者戀人在一起時，不懂得好好珍惜對方，等情分已盡留不住人，一切都是枉然。

提起自己的家人，我和兄弟姊妹們，至少都還有做到生前盡孝。如今我思念母親時，點開手機翻閱Google相簿，都還可以看到母親洋溢笑容的照片。在我比較有經濟能力的時候，就常帶她出國，後來也鼓勵她參加很多活動。

相片是誠實的，可以清楚看見歷程，看到當母親已經80幾歲，那笑逐顏開的樣子，外表看起來像是只有60多歲。反倒她以前5、60歲時，還沒有擺脫勞碌命習慣，面容反而看起來比較蒼老。

有子女孝敬的長輩，真的會看來比較年輕，那是打從心底散發出來的心滿意足。

我覺得孝順父母，有兩件基本要做到的事。

1.親自對父母盡孝：

不論是晨昏定省，或者日常生活的真心關懷，就算真的工作繁忙，孝順的事不能等，再忙也要跟他們保持聯繫。至於給孝養金或者其他物質上的付出，那倒還在其次。

2.成為對社會有貢獻的人：

當父母可以在親友間，談起自己的子女，漾起滿足的笑容，那是任何財富也換不到的衷心慰藉。這裡倒也不是說一定要成為有錢人，或者變成大企業家，相信不論士農工商，能夠扮演好自己的角色，在天地間坦蕩蕩的立足，做父母的也會覺得自己教養有成。

提起感恩，我也絕對不會忘記，要提到我的終身伴侶，一路以來任勞任怨陪著我——最親愛的妻子。

我感恩的，不僅她是我家庭背後的重要支柱，從年輕時

就不斷鼓舞我的精神力量。她還是孝順持家的婦女典範，並且她的愛心、孝心是持之以恆，包括對我母親的照顧，那種愛是令人動容的。

　　母親到了94歲，畢竟已經很年邁，行動較為不便，身旁都必須有人攙扶。由於她習慣住坪林老家，除聘請外傭外，我們家5個兄弟，大家輪流回家陪伴照顧母親。兄弟都覺得，自己的母親還是要親自侍奉，因為重點不在身體看護，而在於親子陪伴。

　　老實說，當輪到我照顧母親的時候，我的工作依然繁忙，無法整天在旁陪她，真的要感謝我的妻子，她做到了全天候的守護，還能不時與她話家常。

　　老人家神智都還清楚，也不會有什麼無理要求，母親要的只是有人陪伴，而我的妻子，非常有耐心，天天陪著母親講話。每次回家看到母親，她的精神狀態很好，開心滿足的模樣，我衷心感謝妻子的付出。

　　對我母親來說，我真的娶到一個很賢慧的女子，過往母親到歐洲、日本等國旅遊，經常也是我妻子陪同前往。讓我母親永遠不感到寂寞。以她整體健康情形來說，是非常難得的，她直到過世前，真正臥床時間不多，不像許多的長者，可能到了一定年紀，就需長年與病榻為伍。就算到後來必須臥床的那些日子，她也從沒有整天躺著，還是會起來動

一動，我妻子會用輪椅推著她，到廣場繞一繞，邊吹風邊問安。就連鄰里親友都知道，這媳婦非常孝順，把我母親照顧得無微不至。

甚至直到母親在人世的最後一天，當時我的妻子就陪在她身邊。

那天，算是一個意料之外，因為當天母親並沒有特別身體不適，可是卻在換衣服過程中，母親忽然感到一口氣吸不上來，就這樣走了，但整個人看起來又很自然，畢竟她已年近百歲，走的時候沒什麼痛苦，算是壽終正寢。

對家人我是衷心抱持感恩的，前面說到了我的母親，談及了我的妻子。這裡也要談談我兩個可愛的女兒。

有人說，孩子在這世間，是來跟父母討債的，從小到大，帶給父母不知道多少的煩惱。但我家的兩個女孩，卻很少帶給我們夫妻什麼煩惱。

她們非常懂事，非常自立。老實說，成長期間，我也並沒有採取什麼嚴父般的督促，甚至我也從沒規定說她們一定得念到什麼學歷。但她們就是那麼地乖巧與善解人意，讀書不用家長操心，從小到大求學歷程都很自動自發，用功上進，兩個人也都一路念到研究所，去美國深造，如今也都各自成家，目前生了兩個可愛的孫子。

非常感恩女兒們，從不讓我為她們操心。

在本篇最後，我要跟讀者分享的，也是當年我女兒出國前，我交代她們的兩個要求，應該也是所有為人父母者對自己子女出遠門時的期許。

1.要把生命留下來：

年輕人在社會上不要去逞凶鬥狠，也不要做過度冒險的事。《孝經》說：「身體髮膚受之父母，不敢毀傷，孝之始也。」先不要談什麼對父母盡孝，身為子女的，最起碼要做到的，就是愛惜自己、照顧自己，不要讓父母擔心。

2.不要違法：

法律的存在，有其背後的意義，不同的國家、社會有不同的法律定義。一個人不要特別去衝撞法律，特別是人在異鄉，更不要以身試法。有些年輕人可以愛耍帥、耍酷，有時候想對抗社會秩序等等。他們都忘了父母在家有多擔心，一旦發生什麼狀況，讓父母憂不成眠，這是很不孝的。身為人子者，做任何事，切記要顧慮到父母的心境。

☀人生變身方程式☀

✓ 行善需要愛心，行善也需要領導。我們也常聽聞有公益團體，明明原本立意良善，但執行起來，卻發生有讓人詬病的地方。我們要讓自己不但有愛，並且能有智慧的宣揚推廣，以及執行愛的付出。

✓ 想想自己父母，在他們最精華的人生歲月，勞心勞力在你身上，而往往孩子們長大了翅膀硬了，卻只顧著自己遠走高飛。再忙，也請回過頭來看看，當年賦予你生命，如今已白了頭的雙親。

✓ 時時不忘感恩身邊的人，其中我們最該感謝，卻也最常忽略的，就是跟自己最親近的人。不要把父母對你的愛，伴侶對你的陪伴付出，當作是理所當然，請經常不吝嗇的，表達你對他們的愛與感激。

Lesson14
屬於用心者的領導學

　　台灣是個人們很注重禮貌的國家，長年都被世人稱讚「最美的風景是人」。比起禮節周到、服務業做到頂級的日本；還有總是用熱情洋溢的擁抱來接待外賓的南美國家。台灣人的禮貌，不像日本那麼職業化，我們有更多的親和與發自內心的溫暖，也不像南美國家那樣太過熱情，有時候讓不同文化的人可能招架不住。

　　台灣的溫暖、溫馨、溫情，一切都剛剛好。因為背後有著真正的善意，以及不論城鄉都愛助人的習慣。這些特質是很難得的。可是反過來說，如果有人表現出的禮貌，卻不是真的發諸內心，那樣的付出就會變得虛假，就好比業務員為了推銷商品，好話說盡，有時卻皮笑肉不笑，讓人覺得言不由衷。

　　服務業從業人員都愛把「以客為尊」，訂為必要守則，結果花太多工夫在規範怎樣跟客戶互動，把一切人與人的人際關係，搞得很儀式化，如果接待賓客時行90度鞠躬禮，可是客人感受到的，只是冷冰冰的制式動作，那對雙方來說，又有什麼意義？

　　本篇，我們來介紹公益行善，以及其背後應有的思維。

✻ 生死關頭走一遭的醒悟

首先，我們來談行善以及背後的職責。

職責？許多人會有疑問。好比說，我們捐款給別人，或者我們就是當志工去幫助人。被照顧的人對我們說感謝都來不及了，我們有什麼職責？

其實這就是一種常見的，誤以為我們是付出者，自以為「高高在上」的錯誤心態。**真正的行善，不該是一種施捨，更不該是一方面物質上給予的同時，另一方面在心理上讓對方失去自尊。**在某種層面上，這比當初完全什麼都不給還糟。原本沒有你的幫助，對方雖苦，但還是可以克難地過日子，反倒現在有了我們對他們伸出援手，給的幫助其實沒那麼大，可是卻在他們身上貼了「弱勢」、「失敗者」的標籤，有些有自尊的人，根本不需要，更不喜歡這樣的「施捨」。

我本身也是長期投入公益後，跟大家學習，才更懂得怎樣助人才是最好的。

以前當鄉長時，行善是透過行政資源希望為鄉民謀福的概念，鄉民雖受到照顧，可是也知道政府本就應該是人民的保姆，好的父母官，要做到讓民眾滿意才會受到愛戴。即便

如此，也經常須留意，社福相關單位，是否在補助或關懷弱勢住民時，說話應對比較不委婉，有否傷到對方心靈等等。

後來不論是在獅子會或者慈善會，扮演的行善角色又有不同。畢竟公益團體的出現，光這件事就是強大的對比。試想，某個家庭可能貧困到三餐不繼，而來訪的獅子會成員則是家大業豐，或至少衣食無虞的成功者，兩方站在一起就是種富與貧的反差，若說想用話術美化，雙方可以做到打破階級隔閡，那都是騙人的，擺明了就是施予者與被照顧者的關係。這時，彼此關係要怎麼拿捏是種學問。

對我來說，就是怎樣保有一顆真心？

我相信就算是一個家境貧困的孩子，也可以簡單看出，哪個想來做善事的伯伯，是真的希望可以幫助他們，還是只是想來拍照，為自己原本的豐功偉業，加添一個「公益行善」的美名。

對我來說，行善這件事很單純，就真的將之視為天生的職責。

為什麼呢？這背後有個非常具體的緣由。

民國94年，我曾經發生一次健康危機，差點生命告終。那年我還在當鄉長，有幾天覺得胸部不適，忙碌的我，仍照常每天東奔西跑工作，直到又過幾天真的很不舒服了，才去醫院檢查。結果一照超音波，發現我已經是心肌梗塞，一刻

都不能延遲，必須入住醫院。那是可能一個血栓，就能讓我喪命的危急時刻。我後來是住院10多天，進行心臟手術，才保住一命，從那時我的心臟就須終身裝上支架。

我深深感受到人生無常，當時跟我同時期住院的其他心血管疾病患者，有的一送來沒多久就病逝，也有送進開刀房後，就再也沒醒過來的。而心臟裝了支架的我，有種生死關頭走一遭的感觸，心想，如果老天把生命再次留給我。那是否代表我在人世間有什麼使命？

這件事對我日後人生影響很大，啟發了兩點看法。

1.服務他人也得照顧自己身體：

我雖然一樣努力為民服務，但也懂得照顧身體，不再沒日沒夜的操勞，那時也開始懂得關注怎要做好身體保養。

2.善用老天給的餘命價值：

如果這條命算是上天留給我的，那我必須為這社會做更多貢獻。

後來不論是我積極為坪林鄉建立三尊佛像，也自掏腰包，做了很多設施維護以及推動為民祈福的活動；或者我把人生許多時間投入在公益活動，不但參加獅子會的國際志工組織，也讓自己承擔更多使命，願意扛起更多責任擔當幹部。

這背後的心境，絕對是一種想要對社會的回饋，從來就不是想要求名求利。

當然，我的情況比較特殊，我無法要求每位讀者都有跟我一樣的體悟，畢竟，誰也不希望面臨那樣的生死關頭。

這裡我將分享，自己如何投入種種的慈善志業，並且若在公開場合做演講或與獅友或其他志工交流，我是如何傳達「發諸內心」的善念。

＊設定為200分的領導人

我們經常聽聞的公益，個人行善的暫不討論，僅以帶有專業制度的團隊來說，主要分為兩種，一種是宗教組織，如眾所皆知的慈濟志工，還有教會志工；另一種是社會服務組織，除了政府公部門相關單位外，最有名的就是像獅子會、扶輪社這樣的國際組織。

當年我一心想為社會做點什麼，剛好透過貴人引介分別加入了獅子會以及慈善會，由於抱持的心態信念不同，所以當後來被推薦擔任會長或理事長，我也都不推辭，因為我也知道，擔當這樣的職位，會有更多資源，讓我做到想做的事。

平常在民間企業工作慣了的民眾，很容易誤會，什麼會長、理事長等等，像是很大的「官位」。其實會長的責任不比一個企業總經理小，但領導統御面卻更需要智慧，你無法命令別人做什麼，你必須用誠意做理性溝通，讓團隊知道你想做什麼，這樣事情才能推動。

會長不能事必躬親，那樣是最沒效率的領導。但也不能只是發號施令，那樣沒人會理你。如何拿捏分寸？可是基於分層負責概念，我還是把任務交給獅子會裡不同的組別，分工進行。在服務時，可以多少照顧到我的故鄉坪林，例如我在任期間，規畫了一個讓獅友在坪林植樹造林的活動，但背後重心不是放在讓坪林更美麗，而是以整個台灣北區的概念，宣傳推廣水源特定保護區的重要性。

此外，我相信也很多人都知道，若擔任社服性團體的幹部，吃力不討好，不像民間企業主管，公益慈善的職位，沒有薪水只有責任。願意參與者，就要抱持著「甘願做甘願受」的心態，否則任何理性的人，怎會選擇這樣自討苦吃的差事？經常要自掏腰包，還得花很多工夫去說服大家做事。

有讀者可能會說，當公益行善幹部，好比說擔任獅子會會長，會有一個榮耀光環。這裡我必須破解迷思，所謂光環是非常抽象弔詭的。

當你特別聚焦在那個光環，反倒你什麼都得不到，也就是說你只是為了這個名銜而來，你就得不到尊敬，既然得不到尊敬，哪裡還有什麼光環？

　　反過來說，一開始就不該想謀求什麼名利的相關光環，而是純粹想要為社會付出。當你有付出，人家就會看到，久了自然就會獲得尊敬，當你不在乎那個名銜，反而你會擁有光環。

　　但是人非聖人，有時候一邊行善，一邊也多少想「光宗耀祖」！這樣想也沒錯。我的建議，就是不要預設立場，不要有得失心，做就對了，該你的就你的，不該你的不要強求。不預設立場，就不會有過多情緒，例如當你覺得自己要幫助弱勢，有點內心得意洋洋，可是卻感受不到什麼掌聲，而感到失落。如果你的本意就是想助人，就不會內心有什麼不愉快。

　　若有的人還是會在意，總想著我做善事總會得到點「什麼」吧！這裡我提出一個福報哲學，聽來很像佛家理論，但此處我不觸及宗教，而純粹是一種可以讓心更踏實的人生觀。我的看法如下。

　　做善事，不要想說一定要有好報，因為那等於是刻意有所求，**那以民間信仰的「功德」概念來說，當你有所求，行善的果報就大打折扣。**

你可以想成：做善事，至少禍會遠離。

好比說，你覺得長年都在行善，可是這些年來也沒發生什麼奇蹟，例如賺大錢或者事業發展特別順暢等。但你可以想成，原本可能會遭逢什麼金融風暴或事業瓶頸，卻因為你行善，所以現在尚稱平順。

反過來說，我認為，做壞事也是同樣概念。

做壞事，不一定會有惡報。但因為壞事，福報會遠離你。

在此我所為做壞事的定義，是比較嚴格的，僅針對從事公益服務團體來說。好比一個人擔任獅子會會長，或被賦予某個職責（如財務組、活動組等等）。我覺得若不想承擔，可能一開始就不要投入，想清楚再說。但如果一旦投入，接了會長，就該真正承擔，把這個職務做好。我嚴格的定義為，**一個人若承擔某個職務，卻沒去好好履行該職務的使命，這就是做壞事。**

什麼叫承擔？就是要用心做。如果擔任某個職位，只想把前人的檔案找出來，一切照抄前人做法，那我定義裡，這就叫做「隨便做」。那為何這樣是壞事呢？畢竟隨便做，也比什麼都不做好。那是因為，每個職位就只有一個，一旦你就任了，就代表你承擔下這件事，其他原本有一番抱負的

人，因為你占了這個位置而無法發揮，結果你承擔了這名銜，卻不負責任，那自然就是壞事。

以我來說，我對自己標準更是嚴格。如果滿分是100分，那我覺得承擔使命的人，做到滿分是基本的，做不到100分，當初你就該讓其他更有能力有抱負的人來做。

100分是基本，而我承擔時，就要追求200分。

當你設定是200分的標準，後來碰到種種狀況效果打折，也還有100多分。可是當你一開始就只設定100分，那麼實際做下來，結果一定只能有90、80分甚至更低。例如一味只想抄襲前人做法的，既是抄襲，一定無法比去年做得更好，就像影印機一樣，影本永遠不會比原件清楚。

當一個領導者或者是一個幹部，真的有用這樣神聖的態度看待。雖然獅子會這類的團體，不像企業經營，會有什麼年度營業額績效可以回饋，可能做一年就卸任了，讓自己名片上印著第幾屆獅子會長頭銜，以為享有光環。但實際上，名聲還是會傳遞的，當你做得好，其他分會會想來跟你學習，你的事蹟也會留在該年相關史料如會刊裡。當你做得不好，沒有新的建樹，那大家也會看在眼裡，私底下會傳，某某獅子會今年不怎麼樣，那麼某某會長，做事沒什麼用心，真是可惜……如果是這樣，留下的負面形象可是很久遠的。

想要承擔公益服務志業團體的領導職責，請務必三思，真正確定自己有這份心要來做事，然後勇敢承擔。

＊勇於承擔，視野更寬闊

　　前面談的主力是放在像獅子會這樣的團體，但我相信一個人如果可以扮演好獅子會會長角色，以這樣的心態，在民間任何企業擔當任何崗位職責，也都能做出相當的成績。

　　這裡我們來談領導人的境界。

　　今天如果你有機會，好比說你原本是個課員，後來有機會被提升擔任課長，你要有怎樣的心態？當然會被加薪以及榮任管理職，開心回家跟家人分享，那是人常情。但這裡，我們要介紹另一個層面的思維。

　　如果有機會當領導者，好比當會長或者當總監，我是建議讀者要勇於去承擔。例如有的人說，我不想當幹部啦！我只想當普通獅友就好。一般在企業比較不會發生這種情形，但在服務性社團就經常有人婉拒當幹部。

　　獅友會婉拒當幹部，有的人可能真的覺得自己要想清楚，好比可能再歷練一年，明年再來承擔。但有的人就真的抱著「看戲」的心態，這種人經常只是想擁有獅子會的「身分」，卻不想做出什麼貢獻。

如果不是心態有問題，純粹是一種害怕做不好的擔憂。那在這裡我要說，凡事總得有個開始，你要踏出那一步，才能累積新的經驗。不然永遠怕怕怕，那就一輩子只能卡在現在的位置，也就是所謂的「舒適圈」。

　　勇於承擔吧！當你受命一個新職位，你的視野格局肯定會擴展。辛苦是一定的，但是值得。就好比當你學習歷程來到高中程度，你回頭看國中的課業真的很簡單。如果當初只想在國中當孩子王，不念高中，那就不會有這種可能。

　　我們看很多企業家，日理萬機，下決策做領導統御，非常有威嚴也頗獲尊敬，但他們也是一步步經歷過來的。當年可能是當個課長，就覺得工作處處是挑戰，現在歷練當到了總經理，會發現課長格局的每件事，如今都已經非常簡單。

　　所以當履行一個新職位，做事的方法，就如同前述，一開始就設定要達到200分，而且永遠不要有「之前的人做得很好了，我無法超越」的想法。

　　歷史發展以及科技創新都證明，原以為很棒的技術，其實後來都還是可以有更好的進展。

　　前一任辦了很多精彩的活動，到我任內，我可以用新的思維，提出不同的創意。更何況，每年的外在局勢不同，我們辦活動本就要因應當年的趨勢，絕不會去照抄前人的做法。

同時，也不要設定，我的「資質」只到這裡，好比說我能當到課長就很滿足了，如同前面提過的「打折」概念，你只把自己設定最高到課長，實務上的績效又會比課長該做的事還低，這樣就注定成為一個無能的主管。

　　為什麼？因為一開始就已經自我設限，這社會沒有給你設天花板，卻往往是給自己畫定一個天花板。

　　要知道，被任命一個職位是很難得的，例如有的朋友，為了提升管理學而去讀學校在職進修班。但你知道嗎？所有學術殿堂教授的管理學，都不會比當你親自承擔一個職位實在。今天你是課長，受命為行銷經理，那個過程就是一種成長。同理，今天你加入獅子會，不要一再謙稱自己很平凡，當個普通獅友就好，以某種角度來說，是在告訴世人——你是個不想承擔責任的人。

　　另有一種迷思，我要能力到了，才夠格去承擔這個職位。實務上應該相反，你要有承擔這個職位，才能讓你能力更上一層樓。

　　就好比成功學有句名言：「你不需要等準備好才行動，當你行動了你就會準備好」。

　　當然，任何的組織也不會臨時，要你明天就要趕鴨子硬上架。

以獅子會來說，每個擔任會長的人，之前都會歷練不同幹部，接著擔任副會長，之後才接任會長。

　　重點是你要願意接受，當你心態上接受了，你就會去認真學習怎樣當個會長。

　　擔任會長或任何幹部，一個重要工作是擬定計畫。例如獅子會各分會也一定都有各分會的年度計畫。

　　談起計畫也是如此，不要精算到每個細節都準備好才願意做，畢竟不是每個環節你都可以事先照顧到。所謂「計畫趕不上變化」。你一定要有個基本的計畫，然後你要有心理準備，你「一定」會碰到狀況，各種非預期的干擾，包括場地出問題、各組分工不協調、或者有會員有雜音等問題。

　　這些都是正常的，畢竟要你當會長，不是讓你上來，當個凡事都被款待好好的少爺，當會長就是要來解決事情，領導團隊的。

　　事實上，這也正是一個人歷練一個職位，是非常寶貴的主因，他可以在過程中學到無價的經營管理智慧。

　　今天，不論你身處什麼職位。有機會試著更上一層樓吧！重點不是加多少薪，管理多少人。

　　是你對這個社會做出貢獻的能力，又更高了一個等級。

☀人生變身方程式☀

✓ 善有善報、惡有惡報。不以宗教觀點去想，只以現世的責任與付出觀念去想，對人生也是很有幫助。

✓ 當你不計較光環，只想好好做事，你反而能夠名正言順地擁有光環。

✓ 職位提升代表著能力提升的機會，任何人不該故步自封，害怕去承接讓自己成長的機會。

Finale

終　　曲

Finale
請你踏出屬於你的那一步

親愛的朋友，感恩你與我一起共享，聽了我有關春夏秋冬的故事。

這是屬於我從坪林開始邁步，後來走向國際行善的歷程。

那麼，親愛的年輕人，準備好要踏出屬於你的那一步了嗎？

人生就像是個圓規，我目前的人生是這樣的三個大圓——坪林、獅子會與公益行善，以及許許多多的小圓。

如果，像我這樣一個出生偏鄉的農家小孩，後來都可以為社會貢獻許多，相信你一定也可以。

本書最後，請聽我這個退休的老人，再來絮絮叨叨幾句。

✱為自己努力還是做給人看？

人生許多的決策，往往都在一念間。

這裡我設定一個情境吧！

假定你正在辦公室，時間是晚上7點，你已加班了一小時，肚子餓得咕咕響，但你無意中發現，課長明天要跟客戶做的簡報，引用的數據是錯誤的，如果明天上台可能會被客戶打槍。然而這個案子不是你負責的，出狀況也跟你無關。那你會有以下三種選擇。

A. 管他的，不干我的事，我肚子好餓，趕快打卡下班吧！

B. 覺得這樣不好，是否打通電話提醒課長，但他如果要我加班怎麼辦？這家公司是責任制的，工作到多晚都沒加班費的……。

C. 既然我看到這件事了，我也知道憑我的能力，花個一小時就可以依據新的數據，重新修改好簡報。既然身為公司一分子，就把這件事攬下來吧！當然我也會打電話跟課長講這件事。

如果是你，你會怎麼做呢？選A、B還是C？

請注意，這不是童話故事，也不要去想什麼好心有好報這件事。有可能你好心幫課長改資料，他卻把功勞自己攬下。當然，也有可能這件事被上報經理，讓你被記一個功勞。但，這些都不是前提，眼下的你只是要做決定，是否看到錯誤要去幫忙完成？

你的決定，可以看出你是怎樣格局的人。

如果只是上班領薪水的格局，跟我無關的閒事少管。那今天的你是這樣，明天的你想必也是這樣。年復一年，這樣的你能夠有什麼突破嗎？

要知道，身邊所有的事，包含你上班的公司可能換跑道；身邊的朋友圈也可能換過一輪；包括親人愛人也都不是永久的陪伴。

人生最終，就是你自己一個人。你做的每一件事情都該對得起自己。

當你幫公司義務完成一個簡報後，你的心情就是最好的回報。

請相信你可以成為更好的人。

一切掌握在自己手上。

✱ 不要執著過去的成就

　　做人做事，怎樣最有效率？自然是跟隨前人的腳步最有效率。好比科學也是這樣，總要站在巨人肩膀上，才能發展出更新的科技。

　　然而依賴前人開拓的路繼續往前走，就是最好的方法嗎？

　　如果是如此，那這個世界將越來越單調，沒有人另闢蹊徑的世界，非常無趣。如果沒人願意開創新的做法、沒有人標新立異，沒有敢嘗試前人未做過的事，沒人願意冒險開發可能沒有收入的新事業……那麼這世界會是如何？

　　年輕人，趁年輕，永遠讓自己成為另闢蹊徑的人吧！

　　不是要你忤逆長輩，或者故意跟體制對抗。而是當執行一個任務，或者拓展一個事業時，發現其實有可能透過某種做法可以做到更好。那，你敢不敢去做這樣的突破？

　　有失敗的可能嗎？當然有。但難道只有百分百一定成功，你才肯去做嗎？如果年輕時不敢冒險，那麼等年紀更大，有家累有房貸等各種負擔，那時候的你，就更沒勇氣去做突破了。

這世界多的是重視安全的人，大部分人覺得凡事精算好才去做，或者有計畫面面俱到了再去做。我不是說計畫不好，但人生實況是——往往計畫趕不上變化。我認為該做就去做，有時候還是要隨緣。

隨緣很重要，緣分到了，你剛好有機會就要去掌握。好比你發現AI是趨勢，剛好你授命擔任某個部門主管，你是否願意讓部門導入AI呢？

這都值得深思。

✱ 迎戰AI與人腦競賽的時代

前面舉例談到了AI，這裡再繼續來聊AI吧！

在本書出版的這年，全球一個很夯的議題——人工智慧可能取代人類工作，已經越來越是真實議題，而非科幻小說主題。這年一個當紅的字眼就是ChatGPT，都說透過ChatGPT，連作詞作曲、寫論文、寫小說，甚至寫律師訴訟文都可以。

如今科技進步，過往一般人們根本無法想像得到，也許等到2030年再來回顧，這世界已經跟如今完全不同了。

重點是：當世界改變了，你站在什麼位置？

以知識技能來說，我身邊有兩種朋友，一種是讀書讀很高的菁英，各行各業服務的碩博士很多，另一種是可能在校功課不怎樣，但卻擁有一技之長。

這兩種人誰能適應未來呢？答案是，這無關學歷，而關乎你是否願意跟上時勢？

例如在我出生那個年代，很多可能國中小學就休學當黑手的人，卻因為勤奮踏實且具備一技之長，結果創立了富可敵國的事業，創辦人本身學歷不高，卻聘請了一堆碩博士為他工作。

這裡我也並不主張學歷無用論，但我要說的是人永遠要保持學習，不論是精進你的專長科目，或者磨練你的一技之長，你都要持續學習精進。

當時代改變，好比說ChatGPT，或許帶來的AI人工影響，可以造成許多白領階級失業乃至於很多職業消失。但我相信，那些持續學習的人，可以永不被淘汰。畢竟，所謂AI人工智慧，也必須要有人輸入指令及餵它們資料，一個學習成長的人，可以當掌控AI的人，而非被AI掌控。

✽ 復古也能再創新局

在本書，我談了很多開創新局的故事，不論是當坪林鄉長期間或在獅子會服務期間都是如此。

本書最後，我也再次來提醒這點——年輕人不要被任何的框框所限制住，有機會都可以設法走出一條路。

你也可以試著去觀察身邊周遭，好比在本書出版這年，台灣正逢中南部缺水危機。其實說是危機也不是危機，因為這件事已經連續發生好幾年，如果第一次發生叫做危機，後來再次發生，那就是執政者有待反省了。

伴隨著缺水，台灣許多的農田也都處在休耕的狀態。為何休耕？一個理由是人們不需要那麼多的米，台灣許多的食糧目前都仰賴進口了。另一個理由自然是缺水，沒水，那主要的水去哪裡了呢？

很多水都是供應到高科技的園區裡了。

人們總習以為常的認為，時代發展，該是農業到工業，接著到高科技業，因此未來只能往越尖端科技發展，相對來說，農業就是落伍的。

真的是這樣嗎？這裡我要請年輕人反向思維——其實生態是個循環，未來最重要的可能又回歸還是農業。事實上，我們也可以看到地球暖化、以及國際間種種的衝突及不確定，人類該思考食物的未來，以及進出口政策的未來。大部

分食物仰賴進口真的好嗎？這樣不會受制於人嗎？農田長期休耕甚至轉換農地變工業用地這樣好嗎？會不會有一天，我們發現，還是很需要有自給自足的米糧，但是已經缺乏農地了？

我非常鼓勵年輕人，有機會可以回老家。從前時代人們鼓勵孩子多念點書，最好永遠不要被困在鄉下。但此一時彼一時也，古早年代沒有相應的技術，所以種田是純粹的苦勞，長輩都不希望孩子繼續受苦。但如果現代年輕人可以帶著最現代化科技回歸農田呢？那其實也是另一種再創新局。

復古也可以是一種再創新局。包括處在各行各業，不要以為一味地導入現代化就是最佳做法，也不要偷懶的什麼都照抄前人的紀錄。其實有時候，可能前人的某些做法，再後來變得過時，不符合時代需要，弔詭的是，可能又過了若干年，當年看來老舊的做法，被賦予了新意，於是又變成很棒的做法。例如台灣很多地方，好比台北的赤峰街，以前是個沒落的社區，後來被妝點成文創網美打卡區，說起來許多的創意，其實就是把復古的元素找回來而已。

當然，不論追求復古或創新，都要能與時代契合，不要讓自己與時代趨勢脫節。以本書出版這年來說，現代人們最關心的像是永續環境議題（ESG），還有AI人工智慧議題，

許多坐辦公室的年輕人，與其煩惱自己被時代淘汰，不如主動去掌握這些趨勢，開創新局，創造自己的人生。

本書到此來到尾聲，但這只是一個段落的結束，如同陰陽太極，生命是可以周而復始，結束可能是另一段新生涯的開始。

各位親愛的讀者們，也許你未來的選擇，是轉換跑道迎戰新的挑戰，也可能是站在現有的職場位置上，轉換思維，提出新的企劃。無論如何，做人總要保持開放態度，以負責當責的心態，設法讓自己，不論處在什麼崗位，都能把事情做到最好。

迎戰人生的第一步，說來簡單，做起來也不難，就讓我們從踏出第一步開始吧！未來正是一片海闊天空。

金色人生

茶鄉總監梁金生的十四堂生命格局課：
生活‧工作和領導的私房祕訣

作　　　者／梁金生
責 任 編 輯／湯蕙華、胡文瓊
美 術 編 輯／賴　賴
協 力 製 作／本是文創
企畫選書人／賈俊國

總　編　輯／賈俊國
副 總 編 輯／蘇士尹
行 銷 企 畫／張莉滎‧蕭羽猜‧黃欣

發　行　人／何飛鵬
法 律 顧 問／元禾法律事務所王子文律師
出　　　版／布克文化出版事業部
　　　　　　臺北市中山區民生東路二段 141 號 8 樓
　　　　　　電話：（02）2500-7008　傳眞：（02）2502-7676
　　　　　　Email：sbooker.service@cite.com.tw
發　　　行／英屬蓋曼群島商家庭傳媒股份有限公司城邦分公司
　　　　　　臺北市中山區民生東路二段 141 號 2 樓
　　　　　　書虫客服服務專線：（02）2500-7718；2500-7719
　　　　　　24 小時傳眞專線：（02）2500-1990；2500-1991
　　　　　　劃撥帳號：19863813；戶名：書虫股份有限公司
　　　　　　讀者服務信箱：service@readingclub.com.tw
香港發行所／城邦（香港）出版集團有限公司
　　　　　　香港灣仔駱克道 193 號東超商業中心 1 樓
　　　　　　電話：+852-2508-6231　　傳眞：+852-2578-9337
　　　　　　Email：hkcite@biznetvigator.com
馬新發行所／城邦（馬新）出版集團 Cité（M）Sdn. Bhd.
　　　　　　41, Jalan Radin Anum, Bandar Baru Sri Petaling,
　　　　　　57000 Kuala Lumpur, Malaysia
　　　　　　電話：+603- 9057-8822　　傳眞：+603-9057-6622
　　　　　　Email：cite@cite.com.my
印　　　刷／卡樂彩色製版印刷有限公司
初　　　版／2023 年 09 月
定　　　價／380 元
ＩＳＢＮ／978-626-7337-31-8
ＥＩＳＢＮ／9786267337332（EPUB）

城邦讀書花園　布克文化
www.cite.com.tw　www.sbooker.com.tw